眠れないほどおもしろい
哲学の本

富増章成

三笠書房

はじめに……これまでの哲学のイメージを180度、ひっくり返す本！

「哲学は、難しい。へりくつだ」

「役に立たないし、説教くさい」

……そんなふうに、思っていたみなさん。

「眠れないほどおもしろい哲学」の世界へ、ようこそ！

この本は、これまでの哲学のイメージを180度、ひっくり返す本です。


「人間は考える葦《あし》である」「我思う、ゆえに我あり」「神は死んだ」……

誰でも一度は聞いたことがある、哲学者たちの言葉や思想。

実は、これらは、迷ったとき、落ち込んだとき、自信がほしいとき、仕事や恋愛で行き詰まったとき、人間関係で問題を抱えたとき……など、**人生のあらゆる場面で使える武器**になります。

「ああでもない、こうでもない」と思考の堂々めぐりに陥ったとき、**デカルトとかニ**

ーチェの〝思想の一撃〟を加えれば、これまでの「思い込み」や「あたりまえ」をぶち壊してくれます。

そして、**「自分の頭で考える力」**がつき、「他人の意見にコントロールされない自分」が生まれ、クリエイティブな発想力や問題解決力まで身につきます。

哲学を知ると、まさに〝いいことずくめ〟なのです。

この小さな本には、ソクラテスからアリストテレス、カント、ニーチェをはじめ、オールスター哲学者が勢ぞろいしています。気軽にページをめくるだけで、**哲学史の流れ、主要な思想がすっきりわかる**ようになっています。

様々な時代の、偉大にして、ちょっと（かなり？）変わり者の哲学者たちが、この1冊で〝知の饗宴《きようえん》〟を繰り広げます。

そうそう、「ハーバード白熱教室」で話題になったマイケル・サンデル教授の「正義の哲学」についても、この本を読めば、「そうだったのか！」と理解できるはずですよ。

哲学は驚くべき〝懐の深さ〟を持っています。

哲学する対象は、「なんでもあり」です。あるときは「宇宙の法則」、あるときは「神様」や「霊魂」、またあるときは「生き方」「人間関係」「恋愛」について……。

「哲学を知ると、自分が変わり、世界も変わる」という不思議な体験が待っています。

何より、人生が10倍も20倍も、おもしろくなります。

ぜひ、あなたも今まで見えなかった「別世界」を体験してください。

富増《とます》　章成《あきなり》

もくじ

1章 ギリシア哲学
――「宇宙の法則（ロゴス）」を知りたい！

2章 中世哲学
――「神様とは何か!?」をとことん追究！

3章 近代哲学
――「考える私」の発見！

4章 現代哲学1
――「私のための幸福論」のめざめ

イラストレーション　ほししんいち

眠れないほどおもしろい哲学史の流れ

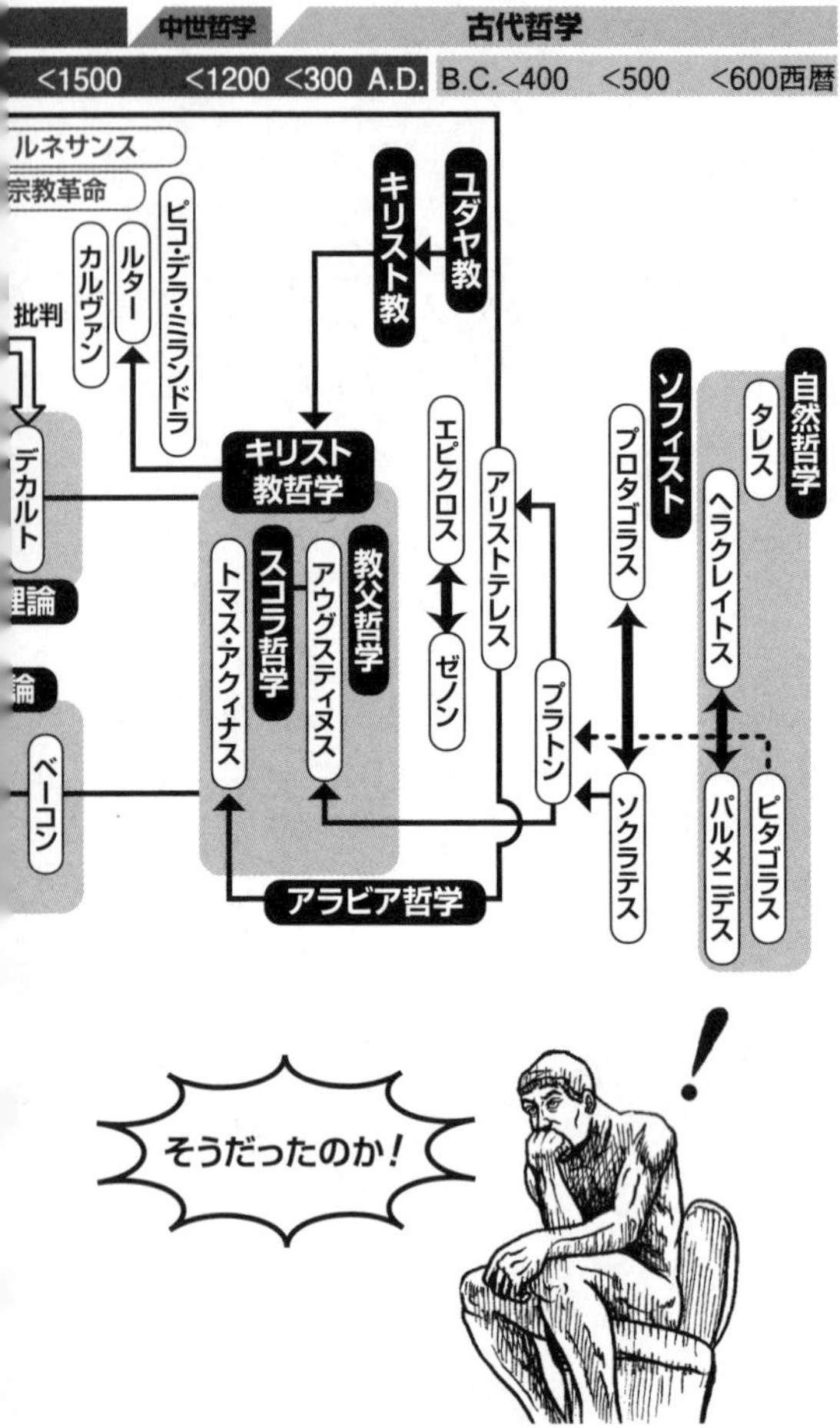

古代哲学
中世哲学
<600西暦
<500
B.C.<400
A.D.
<300
<1200
<1500
自然哲学
タレス
ヘラクレイトス
パルメニデス
ピタゴラス
ソフィスト
プロタゴラス
ソクラテス
プラトン
アリストテレス
エピクロス
ゼノン
ユダヤ教
キリスト教
キリスト教哲学
教父哲学
アウグスティヌス
スコラ哲学
トマス・アクィナス
アラビア哲学
ピコ・デラ・ミランドラ
ルター
カルヴァン
ルネサンス
宗教革命
批判
デカルト
ベーコン
そうだったのか!

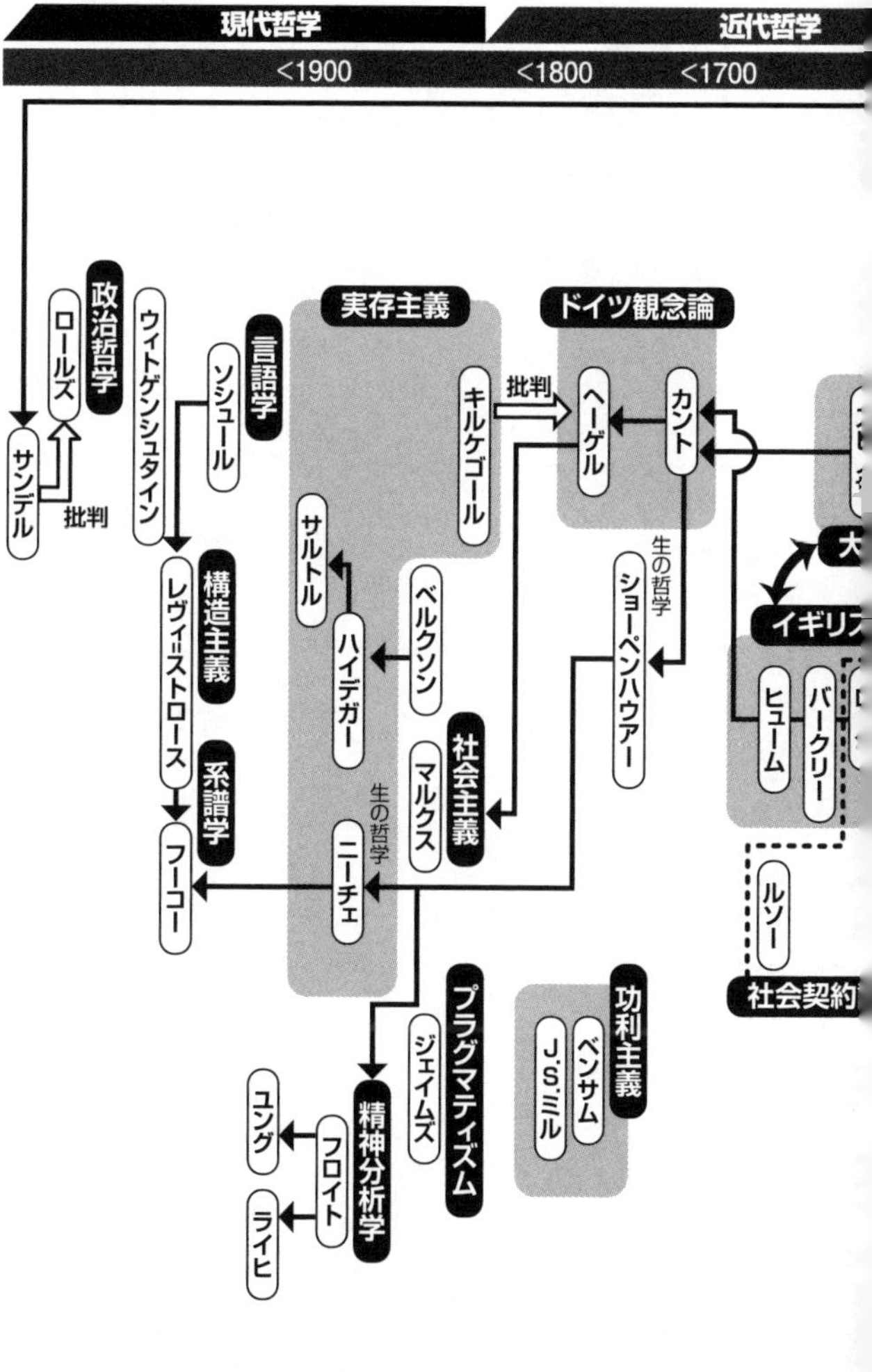

現代哲学
近代哲学
<1900
<1800
<1700
政治哲学
ロールズ
サンデル
批判
ウィトゲンシュタイン
言語学
ソシュール
構造主義
レヴィ=ストロース
系譜学
フーコー
実存主義
キルケゴール
批判
サルトル
ハイデガー
ベルクソン
生の哲学
ニーチェ
社会主義
マルクス
ドイツ観念論
ヘーゲル
カント
生の哲学
ショーペンハウアー
プラグマティズム
ジェイムズ
功利主義
ベンサム
J.S.ミル
精神分析学
フロイト
ユング
ライヒ
大
イギリ
ヒューム
バークリー
ルソー
社会契約

1章

ギリシア哲学

——「宇宙の法則（ロゴス）」を知りたい！

「ウォーター!!」というタレスの雄叫びから哲学は始まった！

「哲学」という言葉に、あなたはどのようなイメージを持っているでしょうか。

「なぜ、私たちは生まれてきて、死ぬのか？」

「〝本当の幸せ〟って、いったい何なのだろう？」

「誰から見ても『正しい』というのは、どういうこと？」

「私にふさわしい『生き方』は、どこにあるのか……」

大体そんな、人生の超・根本的問題ではあるけれど、いくら考えてもあんまりお金にはならないようなことを、ヒマな人がウンウン唸《うな》りながら考えるのが、哲学ってやつなんじゃない？　と考えたそこのあなた――ハイ、正解です！

しかし、哲学の〝スタート地点〟までさかのぼってみると、最初から哲学者たちがそのような問題について議論していたのかというと、そうでもないのです。

実は哲学は、**古代ギリシアの「自然哲学」**から始まりました。

この「自然哲学」とはいったい何でしょうか。そして、それを唱えた自然哲学者たちとは、いったい何者なのでしょうか。


これを、私たちの時代の言葉でたとえると、こうなります。


自然哲学とは……「理科」のようなもの。

自然哲学者とは……「理科の先生」のようなもの。


かなり簡単にしてしまいましたが、実は哲学とは、もともと「自然とは何か？」を考えるところから始まりました。それに加えて、しだいに「善悪」「生き方」「生死」などの問題が関わってくるようになったのだと思えばよいでしょう。

ですから、「哲学というのは、観念や生き方についてだけ語っているのだ！」という先入観を持って哲学の本を読みはじめると、混乱してしまうのです。

というのは、〝哲学のお作法〟として、

①まず自然界の原理をしっかりと理解する。

②それを踏まえた上で「どう生きるのが正しいんだろう？」「どうすれば幸せになれるの？」などの疑問に答える。

という不思議な決まりがあるからです。

たとえば私たちは、自動車の仕組みがある程度わかった上で、交通規則にのっとって運転します。

それと同じように、「自然界の仕組み」をある程度理解して、「人間のつくったルール」に従って生きていく、つまり**「哲学してから実践的に生きていく」というのが、理想的な生き方**と考えられてきたわけです。

そんなわけで、哲学者たちはまず世界の成り立ちを考えて、さらに人間のあり方を模索したのです。

◎何でも〝神様のせい〟にするのは、いい加減ダサい!?

ギリシアの自然哲学は、まず、**万物の根源（アルケー）が何なのか**を考えることから始まりました。

それまでのギリシアでは、様々な自然現象が神話（ミュトス）によって説明されていました。たとえば、「海が荒れているのは、海の神様が怒っているからだ！」という感じです。

それに対して自然哲学者は、「何でも〝神様のせい〟にするっていうのは、いい加減ダサいんじゃないのか!?　自然には、きっと何らかの別の決まりがあるに違いない！」と考え、それを**原理・法則によって合理的に説明**しようとしたのです。

それまで世界を支配していた**「神話」からの卒業――ここに、哲学は産声をあげた**のです。

これらのことを意識しながら、この言葉をつぶやいてみましょう。

「万物の根源は水である」

これは**哲学の祖タレス**の言葉です。

学校の教科書にこのセリフが出てくると、9割以上の人が、

「哲学って善悪や人の道について考えることじゃないの？　なんで万物の根源が関係あるの」

と疑問を感じるはず。しかも、

「なんでそれが水なのか!?」

と大混乱になります。

このタレスという人は、紀元前7世紀頃、小アジアの港町ミレトスに生まれ、多くの分野で大胆な思想を展開した人物です。当時のギリシア世界で**「知恵のある人」のモデル**と見なされていました。

彼は、動植物の食べ物や種子は湿気を帯びていること、また、水は気体にも固体にもなることなどから、「すべては水から生まれて、そこへ還っていく」と考えたのでした。

つまり、**この世界のすべての物の材料は水だと考えた**わけです。水が変化して、動物や植物になったのだということです。

◎「万物の根源は水である」――この言葉がすごいわけ

「そんなわけはない！」

もちろん、その通りで、この説は間違っています。すべての存在は水からできているという考え方は、現在ではとても受け入れられないでしょう。

この説を無理やり私たちの時代に持ってくると、動植物、人間、パソコンやテレビもすべて水でできていることになってしまいますから。

けれども、今まで神話というあやふやなもので世界を説明していた人の中で、はじめて論理的に世界を説明しようとし、かつ、一つの根源からの見解を唱えたのは、彼が世界ではじめてだったのです。誰も考えなかったことを、世界で最初に考えるのは大変なことです（それも2600年もの大昔に）。

それまでの「常識」を疑ってみたこと、そして「万物の根源は□□である」の□□の中身よりも、**一つのことから世界を説明しようとしたところがすごい**わけです。

このタレスの「ウォーター!!」という雄叫びが、後の哲学者に大きな影響を与え、そこから近代の哲学へとつながり、物理学は哲学というレールから離れて独立していきました。現代の物理学では、水ではなく素粒子というモデルで、万物の根源を探り当てようとしています。

ところで、タレスは万物の根源についてだけに思索をめぐらせていたのではありません。彼は**「ギリシア数学の父」**とも呼ばれており、エジプトのピラミッドの高さを、その影の長さから計算したという逸話も残されています。さらに、「2つの直線が交わったときにできる、向かい合う角度はそれぞれ同じ」などもタレスの発見で、現代の数学の教科書にも「タレスの定理」として登場しています。

また、天文学も得意で、**日食《にっしょく》を予言できた**ほどでした。星を夢中で観察していて、穴に落ちてしまったほど、天文学の探究に熱心だったそうです。

タレスの様々な学説は、後の哲学史・科学史の画期的な出発点となりました。

タレス（紀元前624～紀元前546年頃）

哲学の祖と呼ばれる。「世界の根源（アルケー）」を、神話によらずロゴス的（理性的・合理的）に説明した。

母親が彼にむりやり妻を娶《めと》らせようとしたとき、「まだ、そのときではない」と答えた。その後、もう一度迫ると「もう、そのときではない」と答えた、という逸話がある。

「万物の根源は水である」

あのピタゴラスは「数学」で魂を磨いていた!?

「万物の根源は水である!」とタレスが唱えたあと、ギリシアの哲学者たちの間では、〝万物の根源探し〟が流行しました。中でも「ピタゴラスの定理」で有名な**ピタゴラス**は、**すべてのものは「数」でできている**と考えたのでした。

「水」という目に見えるものから、「数」という抽象的な概念で世界を説明しようとしたのは、少しレベルアップした感じです。

ちなみにピタゴラスの定理とは、「直角三角形ＡＢＣが与えられたとき、斜辺ＢＣを一辺とする正方形の面積は、他の二辺ＡＢ、ＡＣを一辺とする二つの正方形の面積の和に等しい」です。

ギリシアを代表する自然哲学者にして偉大な数学者のピタゴラスですが、実は〝トンデモな顔〟を持っています。それは、**「宗教教団の教祖」**です！

彼は、紀元前6世紀後半頃、南イタリアのクロトンに移住し、**「ピタゴラス教団」**を設立したと伝えられていますが、この教団は、ギリシア神話のオルペウスを開祖とし、輪廻転生《りんねてんしょう》を信じるオルペウス教に影響を受けたと考えられています。

オルペウス教によると、人間の魂は不滅であり、その中でも罪・汚れにまみれた魂は「運命の輪」に巻き込まれて、死後に再び他の人間、あるいは動植物として生まれ変わってしまいます（仏教でいう輪廻転生のこと）。

ピタゴラスは、自分の前世を数代にわたって覚えており、ある人が犬を叩いているのを見て**「この犬は前世において私の友人だった。だから打たないでくれ」**と言ったと伝えられています。

この前世と来世の「運命の輪」の苦しみから逃れるためには、魂の浄化をしなければなりません。そのための方法の一つが、「万物の根源」である数の研究をすることだったのです。

受験のためではなく、「魂」のために数学の研究をするのですから驚きです。

彼らは**数学で自らの魂を磨く**のです。学生時代、数学に苦しめられたみなさんも、ぜひ「魂を磨き直す」ために、数学に再チャレンジしてみるといいかもしれません。

◎数字の神秘！　「奇数」は男を、「偶数」は女を表わす⁉

ピタゴラスとその弟子たちは、数の性質が、音階にも世界構造の中にも内在していることを発見し、**「この世界を支配しているものは数である」**と考えました。

そのため教団の教えは、「宇宙・数・調和」という概念を中心としてつくられています。特に音楽に関する理論が重んじられました。

たとえばピタゴラスは、ハーモニーについて論じています。1：2、2：3、3：4の長さの比に弦を張ると、それぞれ8度（オクターブ）、5度、4度のハーモニーが得られる事実は、ピタゴラスが発見しました。

また彼らは、数字そのものの中にも神秘性を見ています。奇数は男性、偶数は女性を表わし、男性数3と女性数2の和である5は、結婚を意味すると考えました。さらに、ピタゴラスは四元数と呼ばれる「1＋2＋3＋4＝10」を発見しています。これ

は、教団の宣誓に用いられたとされます。

このように、**世界のあらゆる事柄の背後に「数の秩序」があることを発見し**、それを崇《あが》めるのがピタゴラス教団だったのです。

一方で、教団の戒律には、意味不明なものも多かったようです。

その一つに、「豆を食べないこと」という戒律がありました。ピタゴラス自身が、戦争の際にこの戒律を守って、豆畑を回避したせいで殺されてしまったという説も残っています。

その他、「松の小枝でお尻を拭いてはいけない」「太陽に向かって小便をしてはならない」など不思議なものもありました。

理性（ロゴス）によって厳密に推論される数学をしっかりと勉強してから、それを土台にして人間の生き方が決まってくるというピタゴラス教団の教え。

ここに哲学という学問が、とても大きな分野をカバーしていることがわかりますし、そのことを知っておくと、現代の哲学に至るまでの道筋がスッキリと見えてくることでしょう。

ピタゴラスの生き様のように、「論理的な部分」と「人間的な部分」が混ざり合っているのが哲学なのです。

ピタゴラス（紀元前582～紀元前496年頃）

古代ギリシアの哲学者であり、数学者。数を崇拝する宗教団体「ピタゴラス教団」を設立し、「ピタゴラスの定理」「ピタゴラスの音律」といった様々な数学的発見をした。教団では厳しい戒律を設けており、弟子が教団を退団すると、その行為を「霊的な死」だといって、墓石を建てたという。

「世界は数の調和である」

ネクラVS.ネアカ――どうして世界は〝ある〟の!?

「世界は、なぜ『ある』のだろうか？」
「世界は、なぜ変化するのか？」

こんな「ヒマな人」でなければ考えない「あたりまえすぎること」にいったん疑問を抱いてしまうと、手がつけられません。日本の大哲学者・西田幾多郎《きたろう》が**「哲学は禁断の木の実」**と言ったのもうなずけます。

いったい、世界はなぜあるのか、なぜ変化するのか――これらについての答えは、２５００年も前から考え抜かれていました。

◎超有名な言葉――「万物は流転する」の真意とは!?

まず、**ヘラクレイトス**という自然哲学者は「宇宙の根源は永遠に生きている火」であり、**「万物は流転する」**と言いました。

哲学史に残る超有名な箴言《しんげん》（いましめとなる短い句）です。

この世界の移ろいは、川の流れのように、一瞬も止まることがありません。今、目の前にあった川の流れも、次の瞬間には、すでに変化した川の流れになっています。そして、その川の流れを見つめている私たち自身も、一瞬ごとに、新しく変化しています。

ヘラクレイトスは、難解で〝ネクラ〟的な思想の持ち主だったことから、「謎の人」とか「暗い人」とか「泣く哲学者」などといろいろ表現されている謎の人物です。

彼によると、この世界はありとあらゆるものが対立しており、それが変化することによって成り立っているとされました。光が減れば、闇になる。闇が減れば、光がある。冷たいものが、温かくなり、温かいものが、冷たくなる。坂道を上るのも下るのもワンセットです。何事も片方だけというものはありません。

◎〝裕福な貴族〟の生まれならではの哲学！

ところが、ヘラクレイトスと正反対の考え方を持った人がいました。南イタリアのエレア学派の**パルメニデス**という人です。彼は裕福な貴族の家柄に生まれ、周囲の憧れの的《まと》だったといいます。人間性の面ではヘラクレイトスとは対照的な〝ネアカ〟タイプだったようです。

そんなパルメニデスは、「すべてのものは変化しているけれども、本当は変化していない」と唱えました。

パルメニデスの説を要約すると「あるものはあり、ないものはない」です。彼の説は、詩の形で伝えられていますが、存在に関しては、ただ「ある」（存在する）としかいうことができない。「ない」（存在しない）が存在しているのは矛盾だといいます。

けれども、私たちの世界では、実際に「ある」ものが消えてなくなってしまったり、何も「ない」ところからあるものが出現したりします。つまりは変化です。

ということは、変化しているように私たちの目には見えても、実はそれは〝錯覚〟で、全然変わらない何かが、どこかにあるのではないでしょうか。まあ、相撲でいえば土俵のようなもので、この世界の土台は変化していないというわけです。

もっとわかりやすくいえば、ニワトリはその成長過程で、タマゴからヒヨコになり、ヒヨコからニワトリになります。そしてニワトリから、唐揚げやチキン南蛮になることもありますが、どの段階でも同じ「ニワトリ」であり、見た目が変化しているにすぎません。

目に見える変化はあくまで〝錯覚〟です。それが「ニワトリである」という事実そのものは、常に変わらないのです。

だからパルメニデスは、ヘラクレイトスが唱えた「万物は流れる」、すなわち「ある」かつ「ない」という対立矛盾の世界観を否定したのでした。

ヘラクレイトス（紀元前５４０年頃〜紀元前４８０年頃）

世界は〝絶え間ない変化〟によって生まれ、その変化は万物の〝対立〟によって生じているとした。箴言の形で思想を著したが、陰うつで謎めいた文章であったため、「闇の人」「泣く哲学者」といったあだ名をつけられた。

「万物は流転する」

パルメニデス（紀元前５１５年頃〜紀元前４５０年頃）

変化する世界の根源に、実は変化していない「存在」があると考えた哲学者。この「存在」、すなわち「ある」という哲学のテーマは、現代まで引き継がれている。名門の出身で、その優雅な暮らしぶりに憧れる民衆が続出し、「パルメニデス的生活」なる流行語まで生まれたという。

「あるものはあり、ないということはない」

〝人それぞれ〟でホントにいいの？
——ソフィストの「相対主義」

いつの時代も「近頃の若い者は……」という批判の声が聞こえます。ウソかホントか古代エジプトや古代ギリシアの文献にも出てくるとか。

でも、古代から現代に至るまで、年配者にも若者にも通じる**〝共通の価値観〟**が私たち人類にはあるのではないでしょうか。

たとえば今の時代だと、髪の毛を茶髪にする程度ならいいのですが、電車の中でヘッドホンからガンガンに音漏れさせているような行為は、やはり誰からも批判されるでしょう。

実は2500年ほど前の古代ギリシアでも、この〝価値観〟について、活発に議論されていたのです。

それが、あの有名な**ソフィストとソクラテスの対話**でした。


古代ギリシアにおいては、人々に弁論術を教えて授業料をとる**「ソフィスト」**と呼ばれる一群の職業教師が出現して、**「相対主義」**というものを唱えはじめました。

これは、人はそれぞれに異なった価値観を持っていて、そのどれもが正しいという立場です。

「あんたの考えと私の考えは違いますけど、お互いどちらも正しいですよね」というもの。「何事も人それぞれでしょう？」って感じです。

しかし、この考え方を一歩踏み外してしまったために、当時のギリシア社会はモラルの崩壊へとつながるようになったのです。

「人の価値観は、人それぞれだ」とする主張は、一見正しいように思えます。もちろん、タバコを吸うのも、お酒を飲むのも、人それぞれ勝手でしょう。法律に違反していなければ、自由です。

では、電車の中で、妙な服装をしているのはどうでしょう。ピアスを唇に5個くらいつけているのは？　まだ許されるでしょうか。

それならば、いつもガチャピンみたいな着ぐるみを着て電車に乗るのは？

それも人それぞれの価値観の問題だから自由なのですが、ちょっと首をひねってしまうでしょう。

つまり、私たちの「価値観それぞれ」という考え方の中にも、「この範囲内での価値観は自由だよ」というボーダーラインが引かれているのです。

いうなれば、そのボーダーラインが**「モラル」**というものかもしれません。

◎プロタゴラスは哲学界のゴーマニスト!?

当時、絶大な人気があったソフィストの一人、**プロタゴラス**は、**「人間は万物の尺度である」**と説きました。彼は、人それぞれの物差しに応じて、正しいことも間違っていることも変化すると考えたのです。

この相対主義は、さらにグレードアップし、「美と醜」「善と悪」「正と不正」などは、別に最初から決まっていることではなく、個人のさじ加減でどうにでも解釈できるのだとされました。

相対主義においては、誰にでも共通する〝絶対的な基準〟はありません。だから、「絶対に正しい」と言えることは何一つとしてなく、もしあるとするなら、本人が「これは正しい！」と信じ込んでいるだけということになります。

したがって、相対主義では「殺人は悪いことだ」とも言えなくなります。「何が悪いか」という基準も、〝人それぞれ〟だからです。

常に正しいことなどは存在しない。正しいことは、時と場合によって変わる。……

こうなってくると、ちょっと危ない社会でしょう。

◎「詭弁法、教えます！」

ソフィストたちは、このような相対主義にもとづいて、論理でむりやり相手を言いくるめる「詭弁法《きべんほう》」を、裕福なアテネ市民に教えることで、法外な報酬を得るようになりました。

というのも、紀元前5世紀頃の当時、政治はそれまでの貴族政ではなく、民主政で行なわれるようになっていました。ギリシア市民であれば、若くてもお金持ちでなくても、成人男子であれば誰でも政治に参加できます。そこでは、選挙や議会の場で、どれだけ人々を言葉巧みに説得できるか？　というテクニックしだいで、出世が決まってくるというわけです。

こうして、アテネでは、内容の如何《いかん》を問わず〝口のうまいヤツ〟〝弁の立つヤツ〟の意見が議会で通り、称賛されるという、堕落した状況に陥ったのです。

このソフィストの考え方に不満を持ったのが、ソクラテスでした。
ソクラテスは「人それぞれかもしれないけれど、誰にとっても正しいことがあるんじゃないだろうか？」と思ったのです。

プロタゴラス（紀元前485年頃～紀元前410年頃）
ソフィスト（職業教師）の一人。「真理とは人によってそれぞれである」という相対主義を唱えた。人気のソフィストで、授業料はとても高かったという。身なりは貴族のように洗練されていたらしい。

「人間は万物の尺度である」

哲学史上最大の偉人にして〝変人〟ソクラテス登場！

ソクラテスとは、いったいどんな人だったんでしょうか。

まず、風貌はダイレクトに「ぶさいく」だったと伝えられています。

ヒゲもじゃで、団子っ鼻で、腹が出ていて……と言いたい放題に伝えられています。

メタボだとか、口がくさいとか、汚らしい……などと伝えられていないのが、せめてもの救いです。

そんなソクラテスの思想の系譜を引く人にディオゲネスという人がいましたが、この人も外見に無頓着だったどころか、大きな樽を住みかとしていたという逸話があるほどなので、当時の哲学者たちはおおむね、そんな感じだったようです。

ソクラテスの奥さん、クサンティッペは悪妻で有名です。怒りのあまりソクラテスに水をかけた、という話はまだいい方で、おしっこをかけたという伝説も絵画になっています。

ソクラテスが言うには、**「悪妻を持つと哲学者になれる」**のだそうです。世の男性方も、ぜひ悪妻をもらって哲学者を志してください。

◎なぜ「ソクラテスの書いた本」は1冊もない？

そんなソクラテスは、もうとにかく**〝問答好き〟**でした。誰かれかまわず話しかけていたので、けっこう迷惑していた人もいたんじゃないでしょうか。

「おお、若者！　がんばってるか！」と、深夜の酔っ払いとまではいかないでしょうが、若者を見つけては声をかけていたそうです。また、古代ギリシア時代は少年愛が常識だったので、美少年にドキドキしていたそうです。

さて、哲学に興味を持つと、誰でもまずソクラテスについて読もうかという気分になるのですが、本屋さんに行くと、ソクラテスについての本はあっても、ソクラテスの著作がありません。それもそのはず、ソクラテスは、自分自身で書いた著作を一切残していないからです。そのため、本当のところ何を唱えた人なのかが正確にわからないのです。

ソクラテスについて書き残している喜劇詩人アリストファネスは、その作品の『雲』において、ソクラテスを**「思索道場」のリーダー**として揶揄《やゆ》しています。「思索道場」とはあやしい道場ですが、そのようなものが本当にあったのかどうかは謎です。

また、ソクラテスの弟子の一人クセノフォンが『ソクラテスの思い出』という書を残しています。その中に登場するソクラテスは、「欲望を抑えなさい」というようなストイックな説教をしているだけの、普通の人です。

そして一番、ソクラテスが生き生きと描かれているのが、**弟子のプラトンによる「対話篇」**ですが、今度はソクラテスに魅力がありすぎて、これはプラトンの脚色がかなり入っているのではないかという感じです。

結局、どのソクラテス像が本物なのかはわかりませんが、一般的にプラトンの「対話篇」によってソクラテスの思想を再現していく試みがなされています。

◎「無知の知」は、こうして生まれた！

あるとき、ソクラテスの弟子が神様のご神託を授かってきました。

「ソクラテスより賢い者はいない」というのです。

しかし、ソクラテスはそこで「そうかそうか、やっぱりオレはNO.1だ」と喜ぶような男ではありませんでした（それでは普通の話で終わってしまいます）。

「そんなはずはない！」

やっぱり、こうこなくては。しかし、神様の言ったことを真っ向から否定するのも失礼です。

そこでソクラテスは一計を案じました。世の中で賢いと言われている人たちと問答バトルをして、自分が負けてしまえば、神様に「ほーら、私ってバカでしょう？」と反論できるというわけです。

そこで、ソクラテスは賢者（ソフィストを含めて）と呼ばれる人々に、**哲学の問答勝負**を挑んだのです。「善とは何か？」「正義とは何か？」「美とは何か？」。

ところが、どうでしょう。知識があると称されている賢者たちが、次々とソクラテスの問いによって、無知を暴露されていくではありませんか。

そこで、ソクラテスは考えました。

この人たちは、知らないくせに知ったかぶりをしている。でも自分は知らないから、そのまま「知らない」と自覚している。そう「無知を自覚」しているんだ。だから、自分は**「無知の知」**のぶんだけ、ちょっと周りの人より賢いんだ。

そのように神様の神託を解釈したのでした。

◎〝思い込み〟を打ち破れ！

「ペンとは何か？」と問われたら、「文字を書くための道具です」と答えればよいでしょう。「自動車とは何か？」ときたら、「人を乗せて走る大型の機械」とでも答えておけばよいでしょう。

けれども「善とは何か？」なんて聞かれると、答えに詰まります。「善とは何か？」と問われて、「人に何かを与えることが善だ」と答えたとします。一見正しいように思えますが、そうとも限らない場合があるでしょう。

たとえば、ニートの若者に大金を与えたら、それに頼って生活し、ますますニートの期間が延びるかもしれません。ある国が他国に武器をプレゼントしたら、大変なことになるかもしれません。「人に何かを与える」ことが、無条件に「善」であるとは言えないわけです。

というように、「善」がいったい何なのかは、すぐには決められません。ソクラテスが求めているのは、「善」の具体的な行為ではなく、「善そのもの」なので、おいそれと答えられるものではないのです。

ソクラテスは、思い込み（ドクサ）を打ち破って、相手の無知をさらけ出させ、新しい知を自ら生み出させるという**「産婆術《さんば》」**を行なっていました。

一方的に大勢の聴衆に演説するのではなく、一対一で問いかけることによって、相手は自分の内側から新たな知にジワジワッと気づいていくわけです（ソクラテスの母親が産婆だったので「産婆術」と呼ばれているそうです）。

このように、ソクラテスは「～とは何か？」を道行く人々に問いかけたのでした。

「正義とは何か？」「善とは何か？」「美とは何か？」という問いに対して、人々は様々な具体例で答えますが、すぐにそれが不十分であることに気がつきます。

「美とは何なんだい？」とのソクラテスの問いに、「それは美女のことだ」なんて答えたヒッピアスという知者がいました。

それに対してソクラテスは、〝美しさ〟とは美人でもなければ、美しい彫刻でもないと反論し、**「私の知りたいのは美そのものだ」**と問い詰めるからたまりません。

最後は、ヒッピアスはキレてしまって、叫び出す始末です。こうして、「知っている」と思い込んでいることを「実は知らなかった」と暴露されていくわけですから、叫ぶことしかできなかったのでしょう。

「ソクラテス、アホなことばかり言うな！」とね。知者も台無しです。

◎世界一有名な冤罪!?　ソクラテスの死刑

けれども、こんな問答を道行く人にいつもふっかけていたら、腹の立つ人も多かっ

たことでしょう。**「ソクラテスのアイロニー（皮肉）」**という言葉があるほどで、自分は何も答えないくせに「それは何だ？」って質問ばかりしてきて、相手の無知をさらけ出す。ひどいもんだというわけです。

こうして、彼を憎む知者たちが、政治的な力と結びついて、とうとうソクラテスは裁判にかけられることになってしまいました。その罪状は、ギリシアの神を信じていないことと、青年を惑わしたことです。

要するに冤罪《えんざい》です。

ソクラテスは、歩いているときに突然立ち止まり、ボケーッと瞑想《めいそう》状態に入ってしまうことがよくありました。そのとき、心の中から良心の声が聞こえたといいます。

これは**「ダイモニオン（ダイモン）」の声**とされています。その声は善いことしか語らないのです。でも、端から見ている人には、霊媒《れいばい》のように見えるわけですから、ギリシアの神ではない何か別のものを信じているように見えたのでしょう。

法廷に立たされたソクラテスは、弁明もむなしく死刑の判決を受けることになります。「それはちょっと刑が重すぎるんじゃないか、問答しただけで死刑？」と思えるのですが、やはりギリシア時代は、**ポリス（都市国家）**というものをとても重んじるので、これを乱すような人は、危険人物と見なされてしまうのです（もちろん、バックにソクラテスを陥れた政治家や知者がいます）。

それに、ソクラテスの弁明が全然反省していないように見えたのも問題でした。しかし、これは仕方のないことです。何しろ、彼は何も悪いことはしていないわけですから。

ところで、ギリシアの死刑は、「自分で毒を飲む」という半分自殺のようなものでした。しかし、当時の罪人たちは、牢番に金を渡せば簡単に脱獄でき、そして、亡命するというパターンがあたりまえ。友人たちがソクラテスにも、さかんに亡命を勧めました。

それなのに、彼はあえてその常識を破ったのです。

◎なぜソクラテスは獄中死を選んだ？

ソクラテスは、**人間は「うまく生きる」のではなく「善く生きる」べき**で、それこそが**徳（アレテー）**であり、**「知」**でもあると考えていました。

ソクラテスによれば、アレテーとは、〝そのものがめざすべき機能〟のことで、たとえばナイフのアレテーは「よく切れること」、馬のアレテーは「駆けるのが速いこと」。そして人間のアレテーは「善く生きること」「知識を持ち、それを活用すること」だと考えました。

ソクラテスが言うには、泥棒する人間は、それが悪いことだと知らないために、悪事を実行に移してしまうのです。

「誰でも好きで悪を行なう者はいない。悪を行なう者は、みな不本意にそれを行なっている」と彼は考えました。

ですから、「それは悪なんだ」という知識さえあれば、善いことしかしなくなります。したがって、正しい知識を持つこと＝徳を持つこと、になるのです。

知識は行動と表裏一体ですから、これは**「知徳合一《ちとくごういつ》」「知行合一《ちこうごういつ》」**などと表現されます。また、そのアレテーを実行したときこそ、人間は幸せを感じるということから、**「福徳一致《ふくとくいっち》」**とも言います。


善く生きようとしたソクラテスは、投票で死刑が決定した事実を曲げるわけにはいきません。「悪法もまた法なり」とソクラテスが言ったわけではないのですが、そんな気持ちだったのでしょう。

しかし、問答するのがソクラテスのライフワークなので、監獄でも友人や弟子たちと問答を続けます。その問答の内容には、「死後の魂はあるのかないのか」というようなことも含まれていました。

ソクラテスは、死は完全な〝無〟になることで、全く何の感覚もなくなるのか、あるいは魂がこの世からあの世へと移り住むことなのか、いずれにしても自分にとっては結構なことだと言いました。

こうして、彼は弟子たちが止めるのも聞かずに、毒にんじんの杯を飲んで死んでいきました。これは、**理性によって死の恐怖を克服した**ことを意味しています。

そして、**ソクラテスの直弟子のプラトン**は、師が追い求めた「～とは何か？」の答えをさらに追究していきました。

ソクラテス（紀元前470年頃～紀元前399年）
古代ギリシアのアテネの哲学者。倫理学の祖。ロゴス（理性・言葉）の世界に普遍的真理を見ようとした。ソクラテスの妻クサンティッペは口やかましかったらしい。ソクラテスの頭にバケツで水をぶちまけたとき、ソクラテスは、「私の奥さんが雷を落とすと、必ず雨になる」と言ったという。

「大切なのは、ただ生きるのではなく、善く生きることだ」

超・ロマンチック！ プラトンの唱えた「イデア論」って？

プラトンは哲学者の中でも別格です。**「すべての哲学はプラトン哲学の注釈に過ぎない」**と豪語する人もいるほどです（↑ちょっと言い過ぎかもしれません）。

でも、それくらい「哲学的問題の基本」が網羅《もうら》されているのが、すでに紹介したプラトンの**「対話篇」**なのです。

「対話篇」というのはプラトンの著作の形式のことなのですが、はじめてこの著作群に接した人はびっくりするかもしれません。「これって、お芝居のシナリオ？」という印象を受けるでしょう。それも主役は師匠のソクラテスなのです。

プラトンは、師ソクラテスを心から尊敬していたので、人々に迫害され笑い者にされたその死が無念でならず、師の哲学を後世にまで伝えるため、自らペンをとったのです。ですから、師との対話を著作として残したのです。

プラトンのソクラテスへの深い敬意がなければ、私たちはソクラテスの思想を知ることはできなかった――そう考えると感慨深いですね。

◎ソクラテスの思想をバージョンアップさせた「イデア」とは？

ソクラテスは「それは何か？」「その本質とは何か？」を問い続けて、「みんな無知ですね。私も知りませんけど、知らないことは知っていますよ」という結論に行き着きました。

弟子のプラトンは、ソクラテスが問い続けた「その本質とは何か？」に対する一つの〝答え〟を出しました。それも、かなりのバージョンアップ版です。

それが**「イデア」**なのです。

「お年寄りに席を譲る」とか「友人の相談にのってあげる」などといった行動は「善」かもしれませんが、席を譲られたくないお年寄りもいるかもしれないし、相談にのることで、その人を誤った方向に導いてしまうかもしれません。

つまり、この世界の中では「何が本当に善なのか」はわからないのです。この世界は人それぞれ、状況に応じて変化することだらけなので、常に変わらない「善」なるものはないわけです。

けれども、私たちは確かに「善」なるものを知っているはずだと、プラトンは考えました。何なのかは説明できないものの、「善なる行為」「善なる考え方」などの根本に、目には見えない「善」本体があることを確信しています。そもそも「善」という言葉があるのだから、その本体があるに違いありません。

この世にないけれども、どこかにある「善」。

そこでプラトンは考えました。私たちの世界では見えないし、聞くこともできないけれども、その本体は別の世界にあると。

「善い行ない」の根本には、「善そのもの」があるのです。**現実を超えた別世界に「善のイデア」が存在している**のです。

もうすこし、別な例でイデアについて考えてみましょう。

◎「赤とは何か？」――この問いに何と答える？

たとえば、「赤とは何か？」「赤の本質とは何か？」と問われたら、何と答えたらよいでしょうか。

花の赤、信号の赤、リンゴの赤というような説明では十分ではありません。これでは、「赤」をその物体のオマケとして説明しただけです（リンゴ＝メイン、赤＝オマケ）。

さらに、「花の赤」、「信号機の赤」、「リンゴの赤」、それぞれの赤は微妙に違っています。すべての「赤」に共通する「赤」はどんなものか？　と問われると、一言では答えられません。

「赤い」と言われるすべてのものにあてはまる「赤そのもの」なんて、そこだけ取り出して説明できないからです。

しかし、プラトンはその「赤そのもの」を現実の世界から切り離して、それがどこか〝別の世界〟に腰をすえていると考えることで、この問題に一つの解答を提出したのです。

世の中の「赤」がたとえどのように変化しても、「赤そのもの」＝「赤のイデア」は、生々流転する私たちの世界を超えたところに存在すると考えたのです。

同じく、「善のイデア」「正義のイデア」「美のイデア」なども、すべて別世界に存在します。

このように、**誰から見ても「本当のこと」（イデア）が存在する世界のことを、「イデア界」**と言います。そして現実の世界にあるものは、すべてイデア界にあるものの模写、コピーに過ぎないというのです。

なんと、この現実世界のありとあらゆるものにイデアがあるのです。机のイデア、ペンのイデア、馬のイデアなど。というのは、世界には多様な物体がたくさんあるわけですから、それらに共通する一つの「そのもの」（イデア）が存在しなければならないからです。

「この世界は不完全で、生成消滅するけれども、どこかの世界に変わらない何かがある」。これは、ピタゴラスの「数」（24ページ）やパルメニデス（31ページ）の「存

「現世」は「イデア界」のコピー!?　「プラトンのイデア論」

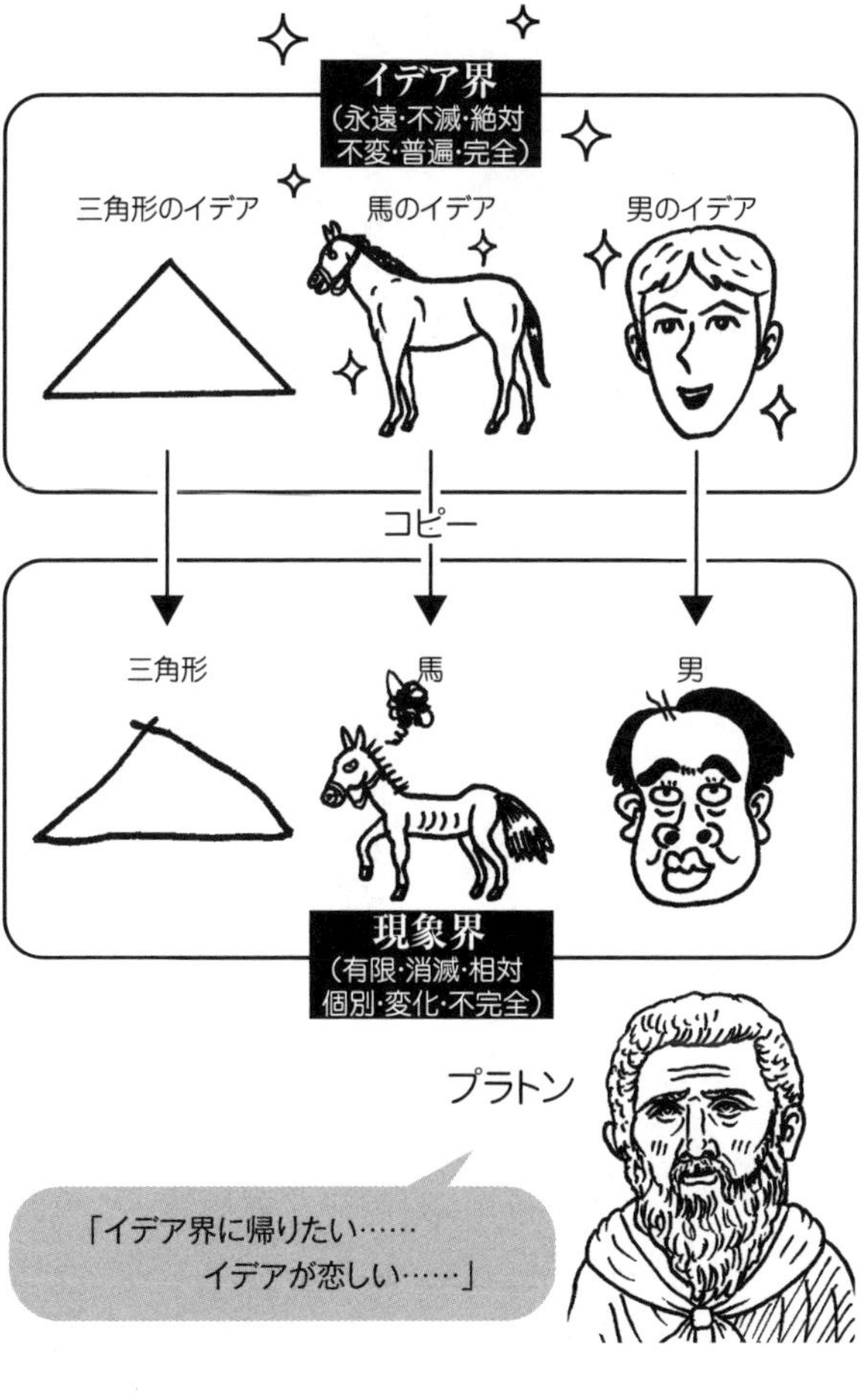
イデア界
（永遠・不滅・絶対
不変・普遍・完全）
三角形のイデア
馬のイデア
男のイデア
コピー
三角形
馬
男
現象界
（有限・消滅・相対
個別・変化・不完全）
プラトン
「イデア界に帰りたい……
イデアが恋しい……」

在」などを、より純化して高めた考え方なのです。

◎私たちは常に「イデア」に恋している？

さらに、プラトンは数や色、相違と同一、大小や熱さ冷たさなど、ありとあらゆるものにイデアがあるとします。

そして、私たちはそれら「本当のこと」（イデア）を見たり聞いたりはできない（感覚でとらえられない）としても、考えることはできる（理性でとらえることができる）のです。今この瞬間も、イデアについて考えることができるのです。

それからプラトンは、私たちが生まれる前に、すでにこのような「イデア」を知っていて、それと照らし合わせて、現実世界の多くのものを判断していると考えました。

これをプラトンは**「想起」**と呼んでいます。

プラトンは「想起」について、神話の形を借りて語っています。それによると、私たち人間の魂はもとは天上界（イデア界）にあってイデアを見ていたのですが、この世に生を享《う》けたとたんに、イデアを忘れてしまいました。

しかし、かつて見ていた「イデア」を、人間はおぼろげながら、この世でも思い出すことができるというのです。そして人間はあらゆるものを、イデアの光のもとに判断するのです。

たとえば、泥棒という行為はいいのか悪いのかは、イデアに照らし合わせてみればわかるというわけです。私たちが国語の勉強をしたり、算数の計算をしているときも、常にイデア界にある法則を思い起こしながら、これを行なっていることになります。

イデアを忘れて生まれてきた私たちの魂の中には、まだ天上界に帰ろうとする気持ちが残っています。この気持ちを**「エロース」**と言います。

「エロース」とはイデア（理想・完全なるもの）を求めてやまない「愛」のことです（エロい意味はありません）。

だから、魂はイデアのコピーとしてのコップやペンなどを見ると、エロースに目ざめ（「イデアを直接見たい！」と思う）、本来の故郷である天上界に帰りたいと憧れるようになります。

というわけで、誰だって生まれる前から「本当のこと」を知っている。なのに人間はそれを忘れてしまっているのでした。

◎エロースこそ〝人間の行動原理〟!?

プラトンによれば、恋愛にもステップアップがあると考えました。プラトンは「対話篇」の『饗宴《きょうえん》』で、ソクラテスに**究極の恋愛道**を語らせています。

さらに同じく『饗宴』の中で、プラトンは人間がなぜ現在のような姿になったのかについて、アリストファネスという登場人物に、宴会の席で次のような神話を語らせています。

人間はもともとは丸い形をしていて、頭を二つ、手足を四つずつ、つまり現在の人間二人分の大きさと力を持っていました。これは、今でいう男男、女女、男女という組み合わせです。

しかし、その力の大きさゆえにしだいに傲慢になり、神々をないがしろにするようになりました。これを見たオリンポスの最高神ゼウスが怒り、思い上がった人間の力を弱めるために、身体を真二つに引き裂いてしまったのです。

さらに、もしこれでも人間が反省しなければ、ゼウスはさらに二つに裂いて、一本足の姿にさせるつもりだったのです。

そのようにして、人間は本来の姿を二つに断ち切られてしまったので、皆かつての姿を恋しがり、誰しもが自分の〝片割れ〟を求めるようになりました。男男であったものは男同士の伴侶を求め、女女であったものは女同士の伴侶を求め、男女であったものは異性の伴侶を求めます。そして、互いに相手と一身同体になろうと熱望するのです。


このアリストファネスに語らせたプラトンの人間観によると、私たち人間は本質的に大きな〝欠落〟を持つ存在であり、そしてその欠落を埋めるために、何かを求めることが宿命づけられている、というのです。

そしてプラトンは、この何かを求める力に**「エロース（愛）」**と名づけ、人間の行動原理としました。

◎これが本当の〝プラトニック・ラブ〟！

恋愛道の入門者には、エロースが身体的美を求める段階として現われます。そのため、最初はどんな人間も肉欲的官能（つまり性欲）におぼれます。これは、決して悪いことではないとされます。

けれども、この性欲を追いかける恋愛は、飽きることのない欲求と、それを充たすことの繰り返しで、やがてはむなしくなり嫌気がさしてくると説かれます。

けれども、エロースによって、永遠の**「真・善・美」のイデア**を想起した人は、もっと素晴らしい愛があることに気づかされます。

この瞬間、次の段階へとステップアップしたエロースは、精神的・人格的な結びつきを持った愛として表現されます。

プラトンは、これが真の恋愛であると考えました。現代では、**「プラトニック・ラブ」などと表現される語源も、もとは「プラトンの恋愛論」にもとづくもの**です。

エロースに導かれて、その不滅の真理に触れて、美のイデアの観照に達することが、恋愛修業のゴールなのです。

プラトンのイデアが異次元のようなところに本当に存在するのかどうかは疑問ですが、私たちはいつも永遠なるもの、完全なるもの、すなわち「理想」を求め続けてやまない存在であることは確かでしょう。

プラトン（紀元前427～紀元前347年）

アテネの名門出身。ソクラテスの処刑に際して、政界に絶望して哲学者となり、師の精神を著作に生かす作業に専念。学園アカデメイアを設立。80歳にして「書きながら死んだ」と伝えられる。『ソクラテスの弁明』『クリトン』『パイドン』など膨大な対話篇を残す。レスリングが強く、レスリングの先生から「肩幅が広い」という意味のプラトンという名をつけられたという。

「すべての個物はイデアの影にすぎない」

師匠を蹴飛ばした！　アリストテレスの「形而上学」

アリストテレスはプラトンの弟子です。プラトンの学園で20年間、その教えを受けたとされています。しかし学園を去ってから、彼は師匠プラトンのイデア論を痛烈に批判しはじめたのです。

そのため、アリストテレスは後世の人々から「子馬が母馬を蹴飛ばすように、プラトンを蹴飛ばした」と評されています。

プラトンは理性の人ですから、これを知ったとしても「オレのイデア論を否定しやがって！」とは言わないと思いますが、もともとレスリングが得意だったプラトンですから、「弟子に思わぬ技をかけられてびっくり！」という感じでしょう。

◎壮絶な〝師弟対決〟のゴングが鳴った！

さて、哲学の世界王者プラトンのベルトを奪おうとしたアリストテレスは、どのような攻撃をしかけてきたのでしょうか。

まず、アリストテレスはプラトンのイデア論における、「イデアが別世界のイデア界に存在する」というところが気に入らなかったのです。イデアなる本体が、どこか別の世界にあるなんていったら、イデアのそのまたイデア、そのまたイデア……ときりがなくなってしまうでしょう。

プラトンによれば、リンゴにはリンゴの、犬には犬のイデアがありました。しかし、アリストテレスは、現実世界のリンゴについて、「リンゴそのもの」というイデアを考えたとき、それはただ単にリンゴに「そのもの」という言葉をつけ加えているだけだというのです。

さらに、アリストテレスのイデア論への猛攻撃はとまりません。イデアは、変化消滅する現実世界を超越した永遠不変のものですが、自分で運動する力を持ちません。けれども、この世界の事物は、実際に運動変化しています。だから、イデアは事物の変化をうまく説明できないと考えました。

師匠と弟子の壮絶な戦いは、現代の哲学史にまで影響を与えています。

◎アリストテレス哲学の〝キモ〟はここ！

では、プラトンのイデア論を批判したアリストテレスは、世界をどのようにとらえていたのでしょうか。

アリストテレスの学問では、「形相」と「質料」（質量ではありません）という用語が見られます。「形相」とは設計図のようなもの、「質料」とは材料のようなものです。

たとえば、銅でできた彫像は、彫像の「形相」と、銅という「質料」が合わさってできています。

「形相」が物のそれぞれの違いを生み出しているのは、わかりやすいでしょう。

たとえば、銅でできた二宮金次郎の像と、銅でできた坂本龍馬の像は、もちろん材

アリストテレスは言った――すべてに「目的」がある！

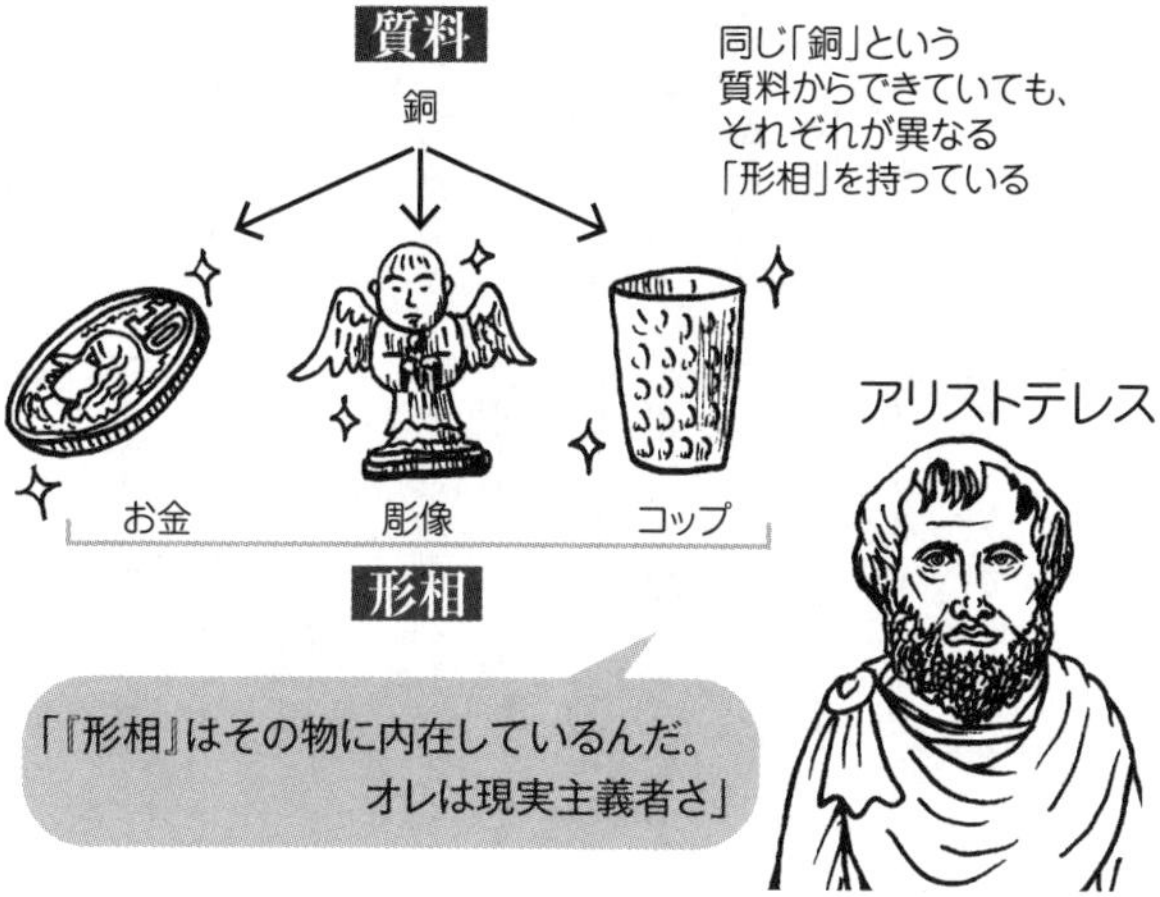
質料
銅
同じ「銅」という
質料からできていても、
それぞれが異なる
「形相」を持っている
お金
彫像
コップ
形相
アリストテレス
「『形相』はその物に内在しているんだ。
オレは現実主義者さ」

料（質料）に関する限り同じです。でも、それぞれ形（＝形相）が違うのですから、違った方向性を示しているわけです。

銅でできたコインと、銅でできた坂本龍馬で比較すると、その差がもっとよくわかります。それらは「形相」が異なるゆえに、使用目的が違うのです。

この**「目的」**という言葉がアリストテレス哲学のキモなので、気をつけておくといろいろ便利なことがあります（ハーバード大学のマイケル・サンデル教授〈２７４ページ〉の白熱教室で一躍有名になった、現代の「正義の哲学」にまでつながります)。

この「形相」が、プラトンの「イデア」にあたるものです。プラトンは、イデアを〝個々の物を超越した別の存在〟としましたが、アリストテレスは「イデア＝形相」を〝個々の物に内在するもの〟としてとらえました。

こうしてみると、まず世の中のものはすべてシンプルに、「形相」と「質料」で説明されるわけです。現代科学に浸《ひた》りきった私たちは、こういった根本的な考え方を忘れがちです。電車の形相と質料、自動車の形相と質料、樹木の形相と質料と、それぞれを哲学の角度から確認していくと、なんとそこには、すべて「目的」というものが見えてくるのです。

「すべては偶然さ、何もかもたまたまそこにあるだけだよ。自分も最後は死んでしまうしね。この世界に目的なんてないさ」なんて斜に構えている人は、それもまた一つのものの見方に支配されているのです。

違った角度で世界を切り取ることで、固定した考え方を打破すること、それが哲学なのです。

◎「目的」がなければ〝生きている意味〟がない!?

さらにアリストテレスは、すべてのものを次の四つの「原因」で説明しようとしました。①質料因、②形相因、③動力因、④目的因です。

たとえば、家を建てる際には、石、木材などの材料が必要となりますので、これらの材料が「質料因」です。

また、家には設計図が必要ですから、これは「形相因」と呼ばれます。さらに、大工さんが「動力因」ですし、こうしてできる家には最終的な目的があります。もちろん、そこに住むという目的です。これが「目的因」です。

このように、**あらゆる物を、その物たらしめている根拠を追究する学問「形而《けいじ》上《じょう》学《がく》」**を、アリストテレスはスタートさせたのです。

世界がビリヤードの玉みたいにわけもなく動いていると考えると、この世界には意味がなくなってしまいます。そうなると、私たちの日々の行動も「結局、何なの？」と意味を失います。

「目的」という概念を私たちの世界からとりはずしてしまうと、人生も消えてしまうのです（「自分って、何のために生きているんだろう……」と悩んでいるあなた。目的がないのでは？）。

アリストテレスの「目的論」を再確認する時代がきているといえるかもしれません。

◎勉強することが〝最高の幸福〟!?

こうして、アリストテレスは人間の目的をだんだんと明らかにしていきます。結局、私たちは何を目的に生きているのでしょうか。アリストテレスによると、それは**「最高善」**なのです。そして、その「最高善」とは「幸福」なのです。

しかし、幸福といっても人によって様々でしょう。お金を持つことかもしれませんし、人間関係を高めることかもしれません。家族と楽しく過ごすことも幸福でしょう。「幸福とは何なのか」を考えると難しいものです。

でも、アリストテレスは、そのようなことを幸福と呼ばなかったのです。

快楽や名誉を求めることが幸福ではありません。なんと**「観想（テオーリア）」**が幸福だというのです。「観想」とは、理性を働かせて最高の真理について考えること。つまり、たくさん勉強することが幸福なのです。

彼は**「人間は生まれながらにして知ることを欲する」**と言いました。この世界の様々なことを、知れば知るほど幸福になれるのです。

理性を駆使して様々なことを知ると、なぜ幸福になれるのでしょうか。仕事や日常生活で役に立つからでしょうか。そうではありません。「知ることそれ自体」が幸福なのです。

だから、読書しているとき、どんどん頭に知識が入ってくることは幸福です。数学の計算をすれば幸福です。

なぜなら、それは永遠の真理につながっているからです。アリストテレスは、この世界とダイレクトにつながっているものこそ「知識」だと考えたので、「知れば知るほど、宇宙と合体」していくような幸福を得ることができるわけです。

◎アリストテレス直伝！ 〝最高のパフォーマンス〟を上げる法

さらにアリストテレスは、理性を働かせて徳（アレテー）にもとづいた「魂の活動」をすることが大切だと説きました。そして、人間が「魂の活動」のパフォーマンスを最大にできるように、一つの基準を示してくれました。

それは**「中庸《ちゅうよう》」**です。中庸とは、様々な感情に対して過度に強くも弱くも反応せず、その中間をとることです。

たとえば「臆病」と「蛮勇」の中庸は「勇敢」、金銭においては「使いすぎ」と「ケチ」の中庸が「適度」です。何でも中間をとることが、「魂の活動」のパフォーマンスを最大限にできるというわけです。

彼は**「習慣」**も大切にしました。定期的にスポーツをするとか、三度の食事をしっかりとるなどがこれにあたります。

アリストテレスが言うには、「石は千回投げ上げても上に昇っていくように慣らすわけにはいかない。これに反して、徳は習慣によって完成させることができる」。もっともですね。
私たちは今でも「人生はバランスだ」としばしば口にしますが、これはすでに、アリストテレスが2300年以上も前に語っていたことと関係があるかもしれません。

アリストテレス（紀元前384～紀元前322年）
プラトンの弟子。「万学の祖」と呼ばれる。『オルガノン』『自然学』『政治学』『ニコマコス倫理学』『形而上学』などの膨大な著作は、あらゆる学問の基となった。プラトンのイデア論を批判し、独自の膨大な形而上学体系を形成。アレクサンドロス大王の家庭教師であったことでも知られ、学園リュケイオンをつくった。弟子たちと散歩をしながら哲学の議論をしたことから、その学徒はペリパトス派（逍遥学派）と呼ばれた。

「人間はポリス的（社会的）動物である」

「幸せってなあに……？」を真剣に考えたエピクロスとゼノン

アレクサンドロス大王（紀元前356～紀元前323年）の登場により、それまでギリシアに300以上あった、ポリスという居心地のよい都市国家は崩壊しました。そしてアレクサンドロス大王の東征によって、ギリシア文化はペルシアをはじめ、はるか東方にまで伝播《でんぱ》したのです。

また、アレクサンドロス大王は、征服した異民族に、重要な官職を与えたり、兵士に異民族の女性との結婚を勧めたりするなど、異文化を積極的に取り入れました。こうして、東西の距離が縮まって、世界市民主義（コスモポリタニズム）が成立したのです。

こうした時代背景のもとに出現したのが、**エピクロス派とストア派の哲学**です。

どちらも**「苦しい人生を乗り越えるための哲学」**です。

ポリスの同族的なきずなが消えた不安定な社会の中で、**「幸せって何だ？」**ということを、正面から考えたのです。だから、この二つの哲学は、現代の私たちにも役立つことでしょう！

エピクロス派の哲学は**快楽主義**と呼ばれ、ストア派の哲学は**禁欲主義**と呼ばれます。ちなみに、エピキュリアン（快楽主義者）という言葉がありますが、エピクロスの唱えた快楽主義とは、意味が全然違います。

◎**「快楽主義」なのに贅沢はNG!?**

まず、エピクロスの考え方を追ってみましょう。

私たちは幸福といえば、誰から見ても立派な地位があることや、お金がたくさんあることなどを思い浮かべます。でも、エピクロスの説く幸福はかなり質素です。

彼の説く〝幸福の条件〟は、たったの二つ。**「身体に苦痛のないこと」**と**「アタラクシア（魂の平静）」**です。

つまり、何でもいいから食べる物があって、雨露をしのげて、着る物があれば、まあとりあえず生きていけますから、それでいいということ。そして、心の中に不安がなければいいということ（「それが一番難しい！」と言いたいあなた、わかります）。これだけなのです。

よってエピクロスの快楽主義では、食べ過ぎ、飲み過ぎなどの贅沢《ぜいたく》はＮＧです（快楽的とはとても言えないかも?）。

また、エピクロスは、アタラクシアを妨げる最大の障害は、迷信から生ずる〝死への恐怖〟だとして、これを克服する方法を説きました。

彼の自然学はソクラテスの時代の哲学者デモクリトスのアトム（原子）論を基盤にしています。彼によるとアトムの衝突によって世界が形成され、人間の魂もまたアトムの集合体でできています。

ですから、身体が分解すれば、つまり死んでしまえば魂も分散することになります。死体となってしまえば、そのときにはもはや感覚はありません。死体が、悪霊やら神やらについて心配する必要はありませんし、死を恐れる必要もなくなります。

「我々が存在しているときには死はやってこないし、死がやってくるときには我々は存在しない」というわけなのです。

私たちと死はすれ違い、決して会うことができません。エピクロスはこうして、人生の最大の苦痛としての死を乗り越えようとしたのでした。

ということなので、「アタラクシア（魂の平静）」が得られる生活は、**「知的な哲学探求」**と**「肉体的快楽をできるだけ避ける質素な生活」**ということになります。

「オレは快楽主義者（エピキュリアン）だ！」とか言って、酒と女にまみれているあなた。解説したとおり、本来の意味とは全く違っています。真のエピキュリアンになりましょう。

◎ゴリゴリの禁欲主義？　ストア派

これに対してストア派は、**〝ド根性の哲学〟**と言えます。ストア派の創始者はキプロスの**ゼノン**です。禁欲主義ですから、その名にふさわしく、**苦行によって心の不動**

心を養うのです。

今でも、「君はストイックな人間だね」と言ったりしますが、それは「禁欲的だねえ」というような意味でしょう。

ただ、ストア派は鍛え過ぎの感がありります。何しろ人が死んでも不動心だし、いざとなったら自殺もしますし、「おまえは武士か！」って感じです。

ストア派の哲学者によると、万物に秩序を与えるのは**理性（ロゴス）**です。これは、どこにでも満ちている宇宙の秩序です。

この宇宙のパワーが一人ひとりに分け与えられていますので、理性で欲望を抑えることが理想とされました。

これが**「自然に従って生きよ」**です。自

然に従うとは、散歩して自然を感じることではなく、理性にもとづき、〝欲望を抑えて生きる〟ということです。
人は**情念（パトス）**に動かされ、どうでもよいことを気にしますので、ストア派の人々は情念に動かされない状態こそ幸福なのだとして、**無感動・不動心（アパテイア）**を求めました。

これほどゴリゴリの武闘派ですから、ストア派はエピクロス派を「やーい、軟弱哲学！」と批判していたようです。

彼らにとって、生と死、名誉と不名誉、富と貧困、病気と健康などは、人間の魂を高めることとは関係ないので、どうでもいいことになるのです。

だから、ふられたって、リストラされたって大丈夫（そんなアホな）。しかし、根性で鍛え上げれば、強くなれるというのは、わかるような気がします。ほどほどにストア派の哲学を使えば、がんばりが利くようになるかもしれません。

エピクロス（紀元前341〜紀元前270年）

ヘレニズム期の哲学者、エピクロス派の始祖。〝幸福〟こそ人生の目的だと主張。35歳の頃、アテネに庭園つきの小さな家を購入し、「エピクロスの園」と名づけ学園とした。この学園は、奴隷や遊女にも門戸を開く共同生活の場を兼ねていたが、外部との関わりを断つ閉鎖的な生活を送ったため、ストア派からは批判を受けた。

「パンと水さえあれば、幸福について神に負けない」

ゼノン（紀元前335年頃〜紀元前263年頃）

ストア派の始祖。50歳の頃、アテネのアゴラ（広場）に隣接したストア・ポイキレ（彩色された柱廊）で教えていたことからストア派と呼ばれる。死後、その徳を称える碑がアテネ市民によって建てられたという。

「自然に従って生きよ」

2章

中世哲学

——「神様とは何か!?」をとことん追究!

どこまでも神を信じる！ アウグスティヌスの〝本気の誓い〟

さて、時代は下って中世へ、哲学の主な舞台は西ヨーロッパへと移っていくことになるのですが――**中世の哲学は、すべて〝キリスト教をめぐる議論〟**だったといっても過言ではありません。

イエスの死後、ローマ帝国内においてキリスト教は、激しい迫害を受けていましたが（イエスの弟子たちは次々殉教《じゅんきょう》、アーメン）、しだいに民衆に深く浸透し、4世紀末には、ローマ帝国の国教にまでなっていました。

この間、盛んになったのが、古代キリスト教会の神学的著作家や精神的指導者（彼らは教父《きょうふ》と呼ばれます）が研究する**「教父哲学」**です。

ただし、教父たちはイエス・キリストのことばかりにこだわっていたのかというと、そうでもありません。世界のあり方や、人の生き方、さらには言語や論理の問題まで、けっこう幅広い領域をあつかっていました。

◎なぜ人は〝真理〟を求めずにはいられない？

たとえば、古代キリスト教会の最大の教父である**アウレリウス・アウグスティヌス**は、「真理」についての疑問をたてました。これは、デカルトのかの有名なセリフ「我思う、ゆえに我あり」を先取りするような思索です。

アウグスティヌスによると、すべてのことを疑って、確実なものは何もないと主張している疑い深い人がいたとしても、すくなくとも「自分が疑っている」ことを知っているといいます。だから、真理の存在を疑う人も、「疑っている」という事実を否定することはできません。

「何も信じられない！」とか叫んでも、「何も信じられない！」という認識は信じられるという、ややこしい話です。だから、自分のことを認識しているということは、絶対に疑うことのできない真実なのだと考えました。

さらにアウグスティヌスは、人が真実を求める理由は「幸福になりたいから」ですが、いつか終わってしまう幸福ではなく、**「永遠に続く幸福」を求めている**と言います。

でも、人間の命には必ず終わりがありますから、現実的には永遠に続く幸福を得ることは不可能です。どんなに社会的地位を得て、大金持ちになっても、死を免れることはできません。

それに、いくら物質的なものを得ても、いつそれを失うかとおびえていたのでは、本当の幸福とは言えないわけです。

そこで、アウグスティヌスは、「人間が無限の幸福を見出すことができるのは、永遠なるものにおいてしかない。永遠な存在、つまりすべてのものが変化し、滅んでいったとしても、不変・不滅なのは神様だけ！」と唱えました。

そして、究極の存在である「神」をターゲットにすれば、人生は正しく幸福に導かれるというのです。

また、アウグスティヌスはプラトンにならって、永遠不変である神の中に、「イデア」が含まれていると考えました。これによって、**プラトンの思想は、キリスト教の土台となった**のです。

アウレリウス・アウグスティヌス（354～430年）
古代キリスト教会の最大の教父。「三位一体《さんみいったい》」など、正統的カトリック教義を確立。プラトンの思想を引き継ぎ、キリスト教思想をはじめ、その後のあらゆる思想潮流に大きな影響を与え、「西欧の父」と呼ばれる。自伝『告白』では、若いときに梨を盗んだことや女性にうつつをぬかしていたことなど、罪におぼれた過去の生活をつつみ隠さず告白している。最初はマニ教や占星術に興味があったが、近所の子どもの「取って読め」という声に触発されて、キリスト教の道に入った。

「あなた（神）は私たちを、ご自身に向けておつくりになりました」

“宇宙規模”で神の存在を証明した トマス・アクィナス！

トマス・アクィナスは、中世の神学校（スコラ）の教師によって説かれた**「スコラ哲学」**の代表的神学者です。スコラ哲学の目的は、「聖書」の啓示（神様にまつわる神秘的なあれこれ）を理性的に分析・研究することにありました。そしてトマスは、アリストテレスの哲学を基礎に、巨大なキリスト教哲学の体系をつくり上げてスコラ哲学を大成させ、これがのちのカトリック教会の公式的な神学となりました。

トマスは、哲学によって**理性的に「神の存在」を証明**します。「神の存在証明」という発想自体は、トマス・アクィナスよりも先に「スコラ哲学の父」と呼ばれるイギリスの大司教アンセルムスが思いついたものです。

それまでのキリスト教では「神様がいるのはあたりまえ」で、「数学の証明」は習っても、「神様の存在の証明」なんて誰も考えませんでした。そして、トマスはアンセルムスとは違うやり方（アリストテレスの哲学）で「神様って、本当にいるんだぜ！」ということを証明しようとしたのです。

◎神様をめぐる「原因と結果」の法則

トマスによると、物事には原因と結果があり、動く物はすべてドミノ倒しのように、他の何かによって動かされます。このような原因と結果のつながりでさかのぼっていくと、無限に過去へさかのぼってしまえるので、何だかおかしなことになります。

だから、最初にドミノを倒した〝力〟、いわばビッグバンみたいなスタート地点が存在しなければならないわけで、やっぱり**「第一の動者」**が存在することになります。

そんな宇宙の根本にある存在といったら、もう「神」としか言いようがないでしょう。神様以外、一枚目のドミノを押すことのできる存在なんて、いるわけないということです。

このような証明方法は、**「宇宙論的証明」**と呼ばれています。

私たちも日常で、この宇宙はどうやってできたのか、最初の〝きっかけ〟は何だったのか気になることがあると思います。

それは物理学者が考えるようなことだと思うのですが、でも、物理学者がおのおのの理論で世界を説明しても、「じゃあ、なぜ世界はそうなっているのか？」というと、「そういうもんなんだよ……」というどん詰まりに行き着きます。

ビッグバン以前のことを考えたり、物理的な別次元について考えてみるにしても、それがそうなっちゃってるのはどうしようもないこと。「神」としか表現しようがないわけです。

トマスはこのような神の存在証明を次々と行なうことで、**信仰の真理を哲学によって論証**しようとしました（証明は5つあります）。

◎理性VS.信仰――〝永遠のライバル〟の勝敗は!?

さらに、トマスが生きた13世紀には、十字軍の遠征を機に、イスラム圏との交流が始まっていました。これは大きな思想的衝撃を、ヨーロッパ圏に与えました。

当時のヨーロッパでは、キリスト教を柱に、肉体的なものは蔑《さげす》まれ、霊的なもの・スピリチュアルなものが最重要視されていました。

「神への信仰が最も素晴らしい！」とするライフスタイルというわけですね。

それに対し、イスラム圏では紀元前4世紀にはアレクサンドロス大王の東方遠征によってギリシア文化が広まっており、その後アリストテレス哲学から派生した医学や薬学に天文学など、実生活で役立つ現実的な知識・学問が進歩していました。

より理性的で、地に足のついた思想にもとづいて生きていたというわけです。

すると当然、人々の間では、「いったい、どっちがよりすぐれた思想なのか!?」という議論が沸き起こります。

信仰VS.理性――。何とも対極のところにあるライバル同士のようです。ヨーロッパはこの二つを天秤《てんびん》にかけ、上手にバランスをとるべきときを迎えたのです。

そこに、このトマスは、力強く次のような解答を示しました。

「キリスト教が大前提。神を最上のものとして、アリストテレス哲学を受け入れる」
「理性にもとづいた真理の探究（天文学など）は、神が創造した自然の秩序を探究することに他ならない」

つまり、アリストテレス哲学は**「理性の真理」**であり、キリスト教は**「啓示の真理」**であると。

どちらも正しいものであるが、「啓示の真理」が上位にある。それはなぜかというと、人間の理性で感知できる範囲を超えたところに「神」があるからだ、というのです。

たとえば、先ほどのドミノ倒しの「第一の動者」の存在や、死後の魂といった問題についての答えは、人間が理性で感知できない、キリスト教の専売領域にして、最高位の領域ということになります。

こうして、信仰と理性は調和されたのです。でも、もともと哲学と神学は水と油のようなもの。ドレッシングのように、すぐに分離してしまうのでした。

そして、哲学は近代以降、「宗教」ではなく「科学」と結合することで、より研ぎ澄まされていくのでした。

トマス・アクィナス（1225年頃～1274年）

スコラ哲学の大成者。アリストテレス哲学をキリスト教に導入し、目的論的世界観の体系を構築した。信仰と理性の調和をめざした。ドミニコ会士。『神学大全』を著す。アルベルトゥス・マグヌスを師とあおいだが、師がロボットのような話す機械をつくったところ、神に反するとしてそれを破壊してしまったという（かなり都市伝説）。『神学大全』の執筆を続けていたが、神秘体験をして、「自分の書いている本はわらくずのようなものだ」と言い、中断した。

「自然の秩序は、神の秩序である」

〝免罪符〟に大激怒した真面目人間・ルター！

1505年7月2日、ドイツのエルフルト大学で法律を学ぶ一人の学生が、家を出て大学へ向かっていました。するとその道中、雨が降ってきて雷鳴がとどろきました。そして突然、そばの木に雷が落下したのです。

このとき21歳の青年は死を覚悟し、「聖アンナよ！　私は修道士になりますから！」と命乞いの言葉を叫んだと伝えられています。

こうして、ドラマチックに「神の道」に目覚めた人物こそ、**宗教改革者**として有名な**マルティン・ルター**です。彼は、アウグスティヌス修道会に入り、1506年には正式に修道士として認められました。けれども、どんなに禁欲的な修行をしても、ルターの心はやすまらなかったのです。

そんなあるとき、彼は「パウロの書簡」を読んで、まるで二度目の雷が近くに落ちたかのような衝撃を受けました。「これぞ、私の探していた答えだ！」と。

その雷とは、**「信仰義認」**の教え――人間は、よい行ないをしたから正しいわけではなく、内面的な信仰によってのみ正しいとされるということです。

ルターは、聖衣を身につけ、日々祈り、聖地を巡礼したとしても、そのために自由であるわけではないと考えました。本当の自由は、善行によってではなくて、ただ神の福音を信じてキリストと一体となること、真の信仰によってのみ得られるということです。

また、当時の教会では、世界各地のカトリック教会のトップにローマ教皇庁があって、教皇こそ人間の中で神に最も近い仲介者、というシステムができあがっていました。つまり、自分↓司祭↓教皇という順番に神に近くなると考えられていたわけです。「神への階段」の一番上に教皇がいて、一番下に自分がいる、という感じでしょうか。

しかしルターは、「神を信じる者に序列などなく、みな平等である！　司祭や教皇のような仲介者は必要ない。むしろ、神の前では、すべての人が司祭なのだ」と考えました。これを「**万人祭司説**（万人司祭主義）」と言います。

◎「免罪符」――お金をチャリンと払えば、罪が消える？

ところでこの頃、教会は経済的に困窮していて「**贖宥状**《しょくゆうじょう》（**免罪符**《めんざいふ》）」を発行していました。お金を出してこれを買うことで、罪の償いを免れることができるというチケットです。

許されたい人々は免罪符に殺到、お金を払うチャリンという音とともに、魂が天国に到達できるような気分に――。

これに対して疑問を感じたルターは、

「贖宥状の効力に関する95箇条の提題」を教会の扉に貼りつけました。彼はそれ以後、活発な文筆活動を開始しました。

〝宗教改革〟の始まりです。

ルターはローマ・カトリック教会から異端とされて追放の宣告を受けましたが、ヴァルトブルク城というお城にかくまわれて、**新約聖書のドイツ語訳を完成**させました。それまでの新約聖書は、庶民には読めないギリシア語やラテン語で書かれていたので、ルターのおかげで、多くの人が自力で聖書を読めるようになったのでした。

ルターが不在の間も、宗教改革運動は勝手に進み、修道院制度は廃止するべきなど、キリスト教社会における新たな動きが始まりました。ルターは暴力を否定していたのですが、とうとう農民らが暴徒化して戦争状態にも入りました（ドイツ農民戦争）。

彼はこれにがっかりして、農民たちを批判、領主側に立って領邦教会をつくることをすすめていきました。こうしてルター派教会（ルーテル教会）が生まれ、これが**「プロテスタント（抗議する者）」**へとつながったのです。

◎働けば天国へ行ける？――カルヴァンの予定説

同じように宗教改革を行なった人物に、**ジャン・カルヴァン**がいます。フランス人のカルヴァンは、あるとき突然に回心してプロテスタントを信じるようになりました。何か回心のきっかけが伝わっているとよかったのですが、まったく謎なのでがっかりです。ルターのように雷が落ちてきて……というわけではないので、きっと聖書を読んでいて回心したなど、地味な感じだったのでしょう。

彼は各方面を転々として、プロテスタントらの連携に協力しました。

カルヴァンの思想は、徹底した神中心の思想です。これは**「予定説」**と呼ばれます。「予定説」とは、人間は善行や信仰によって救われるのではなく、神があらかじめ、救われるか救われないかを決定しているというのです。

けれども人間は、その決定を知ることはできません。だったら神様を信じる気がなくなるように思えますが、そうではありません。人間のそれぞれの職業は、神から与えられた使命ですから、**努力して成功すれば、その人は神から選ばれた人である証明になる**と考えたのです。

働くことによって救われるわけではないのですが、働いて成功している自分は、おそらく救われている方に属するのではないか⁉　という確信が得られるということです。

そうなると、人々はテンションがあがって、「自分は救われている！」という確信ほしさに働きます。だから、結果的にみんな労働に励んだのです。「どんどんお金を稼いでもいい」なんて、キリスト教的ではないように見えますが、あに図らんや、しっかり節約もセットなのでした。

そうなると、みんなお金を稼いで節約し、蓄財によって神の救済の確信を得ようとしましたので、これが**「資本主義の土台」**となったと言われています。

アメリカはプロテスタントの国なので、このことと「成功哲学」は無縁ではないのでしょう。こんな**「お金を儲けて貯めることを、遠回しに推奨するキリスト教」**を知れば、キリスト教に対する印象も変わるのではないでしょうか。

マルティン・ルター（1483〜1546年）

ドイツ最大の宗教改革者。鉱夫から身を起こした鉱山業者の子として生まれ、エルフルト大学で法学を学んでいたが、22歳のときに父の反対を押し切り修道院に入る。当時の教会を批判し、信仰のよりどころとすべきは、神の言葉をそのまま伝える「聖書」のみであるとする「福音主義」を唱え、プロテスタントを興した。一方で、「私がここで放尿すると、ローマではそれが芳香を放つ」という、ナルシスティック（？）な迷言を残している。

「聖書から遠ざかっている者は、キリスト教徒ではない」

ジャン・カルヴァン（1509〜1564年）

フランス生まれの神学者。ルターの思想をさらに発展させ、カトリック批判を展開。すべての職業は神から与えられた〝天職〟であるとする、「職業召命観」を唱えた。

「私たちは、神が個々の人間についてしようとしたことを定める神の配慮を『予定』と呼ぶ」

「私に生まれてきてよかった！」――中世哲学の幕を下ろした〝ルネサンス〟

「ルネサンス」とは、14世紀から16世紀にかけて、イタリアで始まり全ヨーロッパに広まった大規模な文化的・思想的な革新運動のことです。

それまでの中世のキリスト教的な考え方では、結局のところ人生は神様によって決められているから、私たちはひたすら罪を悔い改めて、罪を犯さないように、神に背かないように……質素な生活をすることが推奨されてきました。

ルネサンスとは、もともと「再生」という意味の言葉です。これは具体的には、ギリシア・ローマ時代の思想の復興と、それにもとづいた**〝人間賛歌〟の一大ブーム**（人文主義、ヒューマニズムとも言います）を指しています。哲学も、もちろんルネサンスから大きな影響を受けます。

◎大航海時代とともに〝人間賛歌〟が復活！

時は大航海時代。地中海に面したイタリア諸都市は、世界各地との貿易の中心となり、富を蓄えていました。一方、スペインやポルトガルが海外に進出し、アジアとの交易や新大陸の発見などから、人々は「世界とは、こんなに広いものだったのか。今まで、ヨーロッパが世界の中心だと思っていたけれど、そうじゃなかったんだな」と気づき、それまでの常識を疑うようになってきました。

そこでかえりみられたのが、15世紀の東ローマ帝国の崩壊とともに、多くの哲学者たちが携えてやってきたギリシアの古典と、そこに描かれた奔放な神々の姿でした。

彼らはキリスト教の神とは対照的に、神でありながら恋をし、ときに嫉妬も失敗も犯し、崇拝の対象であると同時に、人間との距離感が小さい、親しみの持てる存在でした。

ゼウス、ポセイドン、ヘラ、アポロン、アルテミス……そうした神々は、人間に高い信頼を置き、人間は自らの仕事と能力に誇りを持って生きていました。

そのようなギリシアの神々の姿に、人々は人間のあるべき姿を見たのです。ボッティチェリの有名な絵画『ヴィーナスの誕生』などが描かれたのには、こうした背景があったのですね。

唯一神への信仰のみに縛られるのではなく、自分たち人間、一人ひとりに備わっている能力と美を、ありのままに認めようという気運が高まったのです。

「やっぱ、人間最高！」「人間に生まれて

きてよかった！」と文化全体で謳《うた》いあげる、生の喜びにあふれた「人間賛歌」「個性の発見」の始まりというわけです。

このルネサンスを象徴する人物が、**レオナルド・ダ・ヴィンチ**です。彼は美術、自然科学、力学、解剖学など、多彩な分野で功績を残しました。つまりルネサンス期には、古代ギリシアの「善く生きる人」でも、中世の「信仰する人」でもなく、ダ・ヴィンチのように人間の持ちうる能力を最大限に発揮した、**「個性的で才能豊かな人」が理想**とされたのです。

しかし、決してこれまでのキリスト教を排除するということではありません。両者は、どちらも並んで存在していくことになります。

◎人間は「自分の運命」を自分でつくっていける！

たとえば、ルネサンスを代表する哲学者**ジョヴァンニ・ピコ・デラ・ミランドラ**は『人間の尊厳について』において、神は人間にはいかなる束縛もせず、自らの「自由意志」によって望むものになれるという可能性を与えた、という考え方を著しています。

「アダムよ、われわれ（※ここでは、神様のこと）は、おまえに定まった席も、固有な相貌も、特有な贈り物も与えなかったが、それは……おまえの望み通りにおまえの考えにしたがって、おまえがそれを手に入れ所有するためである」（『人間の尊厳について』）

中世のキリスト教においては、人間の自由意志は悪に向かうものでした。自由意志などを持っているから罪が生まれると説かれていました。

ところが、ルネサンスでは、**「自由意志があるからこそ、人間は何にでもなれる」**言い換えれば、自分の運命をつくっていくことができるという、能動的に人生を楽しもうとする考え方が生まれてきたのです。

そして、その自由意志を人間に与えたのが、他ならぬ神なのだというわけですね。

古代ギリシアでは、人間の身体を小宇宙（ミクロコスモス）に見立てて、大宇宙

（いわゆる宇宙、マクロコスモス）に対応しているとする考え方（照応理論）がありましたが、ルネサンスで、これが流行します。

知者の精神は宇宙のように広大であり、知者は小さな宇宙であるとともに大きな宇宙であるというのです。

先ほどのピコは、このミクロコスモスの思想をさらに進めて、自由意志が果たす積極的な力を強調したのです。

ジョヴァンニ・ピコ・デラ・ミランドラ（1463〜1494年）

イタリア・ルネサンス期の哲学者。人間は小宇宙であり、その中にはこの世界のありとあらゆるものが含まれていると考えた。人間の自由意志を強調した。主著『人間の尊厳について』。神秘主義をとなえており、ユダヤの秘密の教え「カバラ」を極めたと言われている。

「おまえは堕落して下等な被造物である禽獣《きんじゅう》となることもできる。おまえは自分の意志で決定して、……神の園に再生することもできるのだ」

3章

近代哲学

——「考える私」の発見!

疑って疑って疑いまくったデカルトの「考え方」って？

17世紀以降の近代哲学は、**哲学が最も〝哲学らしかった〟時代**です。

というのは、今思えばそれまでの中世の哲学は、「神様って？」「神は我々に何を与えたか？」というように、とにかく神様のことをメインディッシュにしていました。哲学というより、「神学」というべきだったかもしれません。

しかし近代以降は、ルネサンスの流れも受け、いよいよ哲学者たちが本腰を入れて、**「人間中心」に世界を考える**ようになってくるのです。

そんな近代哲学の重大テーマは、**「人間が『本当のこと（真理）』にたどり着くためには、どのような考え方を持つべきか？」**ということ。

これに対して、大きな枠組みをつくったのが、フランス生まれの**ルネ・デカルト**と、イギリス生まれの**フランシス・ベーコン**でした。

二人の哲学は、それぞれに**「大陸合理論」「イギリス経験論」**と呼ばれ、違った観点から「本当のこと」にたどり着こうとしたものです。この二つの哲学を融合させるのが、のちにドイツに現われる堅物哲学者**カント**なる人物です。

それではいよいよ、哲学らしい哲学、近代哲学の幕開けです！

◎デカルトは哲学史の中の〝ウルトラの父〟

17世紀、フランスの哲学者**デカルトは、「大陸合理論」の祖**です。大陸合理論では、人間は生まれながらにして「理性」を与えられているとし、その「理性」の力を使ってものごとの「原理」をとらえ、あらゆる法則、真理を探求しようとしました。

デカルトはまた**「近代哲学の父」**と呼ばれています。

「○○の父」というと、何でも最初に大きなことをスタートした人ですから、彼は、「ウルトラの父」みたいによっぽど偉い人なんでしょう。

何がそんなにすごいのかというと、**「自分の頭だけで考えた」**ところです。

いや、自分の頭で考えるなら、ソクラテスだってアリストテレスだって考えていますが、デカルトの場合、ゼロからスタートして自分の頭で考えたのです。

つまり、過去の思想を一回すべてリセットして、そこから哲学を仕切り直したところがすごかったわけです。

しかし、哲学をリセットするとは、いったいどういうことなのでしょうか。

たとえば、私たちは日常生活の中で、思わぬ失敗をすることがあります。目覚まし時計のＡＭ／ＰＭ設定を間違えて、朝の肝心なときにアラームがならないとか、カバンに書類を入れ忘れて、会議でしどろもどろになるとか。

これらの原因はただ一つで、「再確認をしない」ということです。目覚まし時計を正しくセットしたと信じ込んでいる自分をもう一度疑って、再チェックする、カバンの中身をもう一度覗いてみる――それをしないから、ミスが発生するわけです。

また、「想定外」なんて言い訳をしないように、あらゆる出来事の可能性を考えて、思考を重ねればよいわけです。

そうは言っても、やっぱりミスをしてしまうのは仕方ありません。「経験的な世界」に生きている私たちに誤りはつきものなのです。

◎〝引きこもり〟のデカルトが目論んだこととは？

そこで、デカルトは「経験的な知識」から本当のことを見出そうとはせずに、自分の頭の**ロジックから、「絶対確実な原理」を見出そうとした**のでした。そして、あらゆる学問を体系化しようとしました。

デカルトは哲学を**「知恵の探求」**と見なして、これを一本の木にたとえました。その木の根は形而上学、幹は自然学です。枝は機械学、医学、道徳の三本からなります。形而上学とは、感覚的な世界の奥にある「原理」を探求する学問です。根本の根本という感じです。根がしっかりしていれば、その上の様々な学問も安定します。だから、絶対確実な第一原理は、すこしでも疑いをいれるものであってはいけません。根のところが腐っていたら、すべての学問が台無しになってしまうからです。

そこで、デカルトは**「方法的懐疑」**を用いました。

方法的懐疑とは、**あらゆることを徹底的に疑って、それでも疑うことのできないものが残ったならば、それを真理として受け入れる**という思考方法です。

その疑い方が尋常ではないので、「この人はこだわり過ぎなんじゃないか」との印象を持たれたようです。なんでそんなこと疑うんだと、理解されないことも多かったようです。本人もおかしな疑い方だとわかっていて、あえてそれを行なったわけです。

デカルトは、けっこう引きこもりタイプだったらしく、人と会いたくないので自分の居場所が知られないように頻繁に引っ越しをしたそうです。人と会って思索のじゃまをされるのが、いやだったのでしょう。

◎視覚、聴覚……とにかく徹底的に疑い尽くす!

デカルトは、まず感覚について疑ってみました。視覚、聴覚……私たちはこれらの感覚を信じて生活しています。けれども、デカルトは、これら感覚はあてにならないと言います。

たとえば、遠くから見ると丸い塔が、近づいてよく見れば四角い塔だったなんていうことがあります。また、真っ直ぐな棒を水中に入れてみると、折れて見えます。このように、私たちの感覚は外側にあるものを正確にとらえていないことになります。ですから、デカルトは感覚に確実性を見出すわけにはいかないと考えました。

では、自分が今、暖炉のそばに座っていることや、冬服を着ていることなどはどうなのでしょう。デカルトに言わせれば、これもまた疑わしいのです。というのは、私たちは、「暖炉のそばに座っている夢」を見ることもあるのだから、もしかしたらこの現実さえも真実ではないかもしれないというわけです。

もうついていけない〝疑いの無限ループ〟に入ってしまいましたが、別にデカルトも普段からこんなことを本当に疑いながら生活しているわけではありません。「方法的懐疑」ですから、とにかく疑えるものを論理的・徹底的に疑ってみたのです。**懐疑を徹底すれば、最後には絶対に疑えないことが現われてくるはず**だからです。まさに、人生の消去法です。

疑っても疑っても、どうしても疑い切れないものは正しい！

この**疑うことができない真理から様々な知識を引っぱり出す方法**を、「**演繹法**《えんえきほう》」と言います。

さて、デカルトの厳しい懐疑を免れるような真実は、果たして存在するのでしょうか。

◎「我思う、ゆえに我あり」誕生の瞬間！

デカルトは、数学的真理についても疑いました。2＋3＝5というような明白な思考までも疑ってみたのです。これでは小学校の算数ドリルさえスムーズに進めることはできません。

常識的に考えれば、さすがに2＋3＝5は疑えないだろうと思うのですが、全能な神あるいは悪魔が我々を欺いて、そのように推理させているのかも知れないというのです。

ここまで疑ってしまうと、もう確実なものは何も残らないように思われます。しかし、デカルトは、ただ一つ疑い得ないことがあることに気がつきました。

あれもウソ！
それもウソ！
ぜんぶウソ
なんだもんなあ
でかると

それは、**疑う私自身の存在**です。

「疑っているかな〜？」と疑ってみると、確かに疑っていることは明らかです。「疑っているかな〜？」というのが疑っていることだからです。

そして、疑っている「私」は存在するに違いありません。「考えている私」が存在していないとは、考えられないからです。

そこで、デカルトはこう結論します。悪霊が私の心に罠をかけたとしても、このように疑っている「私」、思惟《しい》している「私」の存在は絶対に確実だと。

それゆえ**「我思う、ゆえに我あり」**という真理は、いかなる懐疑論者も疑い得ない真理であることになります。

こうして、デカルトは「我思う、ゆえに我あり」を哲学の第一原理としました。**「考える私」の発見**——これは、ルネサンスによって目覚めた「個性」が、さらに徹底されたものでした。ここに至っては、もはや神様や教会の支えなしに、独立した〝自分自身〟が成り立つのです。

難しく言えば、デカルトによって**「近代的自我」が確立**した、というところでしょう。

◎「心」と「物」とをズバッと二分割!

余計な部分をすべてそぎ落としてダイエットした末に現われたのが、疑うことのできない「私」でした。「私」の本質は思惟であり、本質的に精神であるとしか言いようがありません。考えることだけが「私」のすべてです。

ところが、この世の中には精神とはほど遠い存在があります。それは物質です。机やコップや身の回りにある物質は、何も考えていないようです。

私は考えていますけど、物は考えていない。とすると、私という精神と物質は全然違う存在なのではないでしょうか。

さらに、物質の色だとか、臭いなどの性質をどんどんそぎ落として、物質すべてに共通するものを絞り出してみると、それはその物質が〝空間を占めている〟というところに行き着きます。

そこで、精神と物質、両者は全く別物であると考える――これを**「物心二元論」**といいます。

デカルトは「思惟する私」（＝精神）と「空間を占めること（延長）」（＝物体）をはっきりと区別しました。こうすれば、物体はそれ独自の法則的運動をするわけですから、それを精神が科学的にとらえることができます。そしてデカルトは、肉体が滅んでも精神は残ると考えました**（霊魂不滅の証明）**。

これのどこがすごいのかというと、それ以前の哲学では「心」と「物」はあまり区別されていなくて、境界線がモヤモヤしていたのですが、デカルトはその境界線をズバッと引いたのでした。

今の私たちは、自然を量としてとらえるのがあたりまえと考えていますが、それらはこのデカルトの思索によってスタートしたのです。

さらにデカルトは、世界は大きな機械であると考えました（**機械論的世界観**）。動物も一種の機械であり、死は機械の故障に過ぎないといいます。

ちなみに、デカルトは人間の「情念」を理性の力で抑えるべきことを説いています。そこに人間の**「高邁《こうまい》の精神」**があります。

◎〝脳〟が「心」を生み出している!?

デカルトが提起した、「精神と物質の二元論」は、私たちと無関係ではありません。現代科学では、脳が心を生み出していることになっていますが、それでも完全な解決にはなっていないでしょう。

なぜなら、たとえば「赤」という色を、いくら物理的な波長や脳内の電気的な刺激で説明しても、その説明と自分の心の内側に感じる「赤」は似ても似つかないものだからです。「赤」は赤なのです。ありありとした、あの「赤」です。

「痛い！」「おいしい！」「楽しい！」など、それ自体、もうそれ以上説明のできないことを私たちは体験しています。

果たして、精神は脳から派生したものなのか、それとも、精神は肉体だけの存在ではなくて、想像を絶するあり方をしているのか、まだまだわかりません。

ルネ・デカルト（1596～1650年）

フランスの哲学者・数学者。近代哲学の父。著作『方法序説』『第一哲学についての省察』『情念論』など。学問を一本の樹になぞらえ、その根に形而上学、幹に自然学、枝に機械学、医学および道徳を割り当てた。寒さが苦手だったが、スウェーデンのクリスティーナ女王の要請によりストックホルムへ向かい、女王に講義を行なうが、数カ月の滞在で肺炎のために死去する。

「我思う、ゆえに我あり」

〝心と身体〟は一つ？——スピノザのダイナミックな解答！

デカルトは「物心二元論」を唱え、物と心を完全な〝別物〟だとしました。しかし、この考え方は、矛盾だらけでした。たとえばデカルトは、三十年戦争に巻き込まれて亡命していたボヘミア王女エリーザベトと手紙のやりとりをしていましたが、彼女から「心と身体が全く別物なら、なぜ歩こうと思うと歩けるのですか？」とつっこまれてしまいます。そして『情念論』という本の中で「動物精気」と呼ばれるミクロ粒子のような存在をあげて、「心と身体がどうつながっているか」について、かなり苦しい説明をしています。

この〝心と身体は、どうつながっている？〟という問題を、後の哲学者たちは、どのように解決したのでしょうか。

この問題に最初に着手したのが、オランダの哲学者**バルフ・デ・スピノザ**です。彼は、「やはり物と心は〝一つ〟だ！」と結論づけました。スピノザによると、物も心も実はそれぞれが違った現われ方をしているだけだというのです。

◎何事も「見る角度」が違うだけ!?

スピノザは、「精神」と「物体」は、唯一の実体である神の属性であり、自然界のあらゆるものは神様がいろいろな形で現われたものだ、と唱えました。これがスピノザの**「汎神論《はんしんろん》」**です。スピノザによれば、目の前にある物体はすべて「神」だということになります。人も道路も車も花も、すべて「神」。あなたも私もみんな「神」。世界はこの神の〝現われ方〟で一元的に説明できるというのです。

たとえるなら、缶コーヒーの缶は、見る角度によって「丸」だったり「長方形」だったりします。見る角度によって見え方は変わりますが、同じ一つの缶です。コーヒーの缶を「実体」とすれば、「丸」や「長方形」は属性（性質）となります。

この世界は、一つの実体（神）が様々に表現されて生まれたものだと、スピノザは考えました。だから世界はバラバラに見えてはいても、どこかでつながっているというのです。いわば、神と私たちの世界との関係は、海と波のような関係だったのです。海という一つの原理によって、いろいろな種類の波が生み出されているのと同じです。

この「汎神論」によって、スピノザは、デカルト以降に残された精神と身体（物質）、幾何学的精神と宗教的精神などの分裂を統合することに成功したのです。

◎高い視点から、世界を眺めよ！

そしてスピノザは、デカルトの機械論的世界観をさらに発展させました。

この考え方によると、**すべては必然**ですから、偶然はありません。「AならばB」という因果関係の連鎖によって、世界は成り立っています。ということは、この世界に起こることは、何もかもあらかじめ決まっていることになります。

私たちは「もし、あのときああしていたら……」「こうしておけばよかった……」と後悔しますが、この考え方によると、それ以外に選択しようがなかったということになりますから、悩む必要はありません。今の自分のあり方以外はなかったのです。

しかし、これでは、何もかも「決められている」がゆえに、人間の自由が全くないことになります。

でも、スピノザに言わせると、人間は、因果の連鎖について理解するに至れば、自分が自由でないことを知性的に理解することができるのです。つまり、**「すべては因果関係で決定しているなぁ～」と知ることで、自由になれる**のです。

「失敗した！」と落ち込んだとしても、その感情自体を観察して、主導権を取り戻せばよいのです。「ああ、こんな感情が今、自分の中に沸き起こっているなあ」と静観します。そうすれば、外からコントロールされているという感じから離れられるので、積極的なプラス思考に持っていくことができるのです。

たとえるなら、ジェットコースターに乗ると恐怖を感じますが、それは外からコントロールされていると思うからです。ジェットコースターに乗って、自分が操縦しているんだと想像し、曲がるなり回転するなりを先取りすると、あまり怖くなくなるでしょう（実験してみてください）。こうした**スピノザの理論は、心理学の先駆け**でもあり、フロイトにも大きな影響を与えています。

このように、目先の出来事にとらわれず、大きな場所から世界を眺めるのがスピノザの哲学です。すべてが神の中にあり、神に依存していることを**「永遠の相のもとに」**認識する。

自分が世界の一部であり神（自然）であることを知れば、人間が神（自然）を愛するということは、自分で自分を愛していることになります。これが自然との一体感を生んで、幸福になれるのです。これがスピノザのめざした苦しみからの解脱でした。

バルフ・デ・スピノザ（1632〜1677年）

オランダのアムステルダムにユダヤ商人の子として生まれる。ユダヤ教団経営の学校「生命樹院」に入って、聖書、タルムード、ヘブライ語などを学んだ。しかし、しだいにデカルトなどの思想に傾倒し、ユダヤ教の信仰を批判して24歳のときに破門される。哲学、自然学、政治学を研究。著作『エチカ』『デカルトの哲学原理』など。レンズを磨いて生計をたてていたといわれる。

「すべてを永遠の相のもとに見る」

「人間は考える葦である」――パスカルの超有名フレーズに隠された秘密

「人間は考える葦である」

「クレオパトラの鼻が、もう少し小ぶりだったら、地球の表情は変わっていただろう」

などの有名な言葉で知られるフランスの思想家**ブレーズ・パスカル**。

彼は哲学について、以下のように語っています。

「哲学をコケにすること、それこそ真に哲学することである」

パスカルは、思想家である以前に、実はものすごい天才科学者です。数学者としては「確率論」、物理学者としては「パスカルの原理」（液体と気体の圧力に関する原理）などで有名です。

そして同時に、「キリスト者」でもありました。彼は、お得意の確率論を使って「神への信仰」について説明しています（すごい！）。

パスカルは、独自の体系的哲学を持っていたわけではありませんが、彼の思想は多くの人々に大きな影響を与えました。**現代の代表的哲学である「実存主義」を先取りしていた**という解釈もあります。

◎なぜ、パスカルはデカルトをムチャクチャに批判したのか？

さて、このように科学者であり宗教家、思想家と、多方面にわたって活躍したパスカルですが、彼は「大陸合理論」を唱えたデカルトの哲学を「無用にして、不確実」と表し、ムチャクチャに批判しています。

たとえその内容が本当だったとしても、「哲学全体にたとえ一時間でも時間を費やす価値があるとは思えない」とまで断罪しています。

では、なぜパスカルは、そこまでデカルトを批判したのか。

デカルトの理論では、神が一はじきするだけで、あとは世界の物事がビリヤードの玉のように機械的に動いていくだけ……とされています。そんな「神を利用した」かのようなデカルトの哲学体系が、パスカルには許せませんでした。

敬虔なキリスト者であるパスカルからしたら、「神はそういうもんじゃない！」というわけです。

デカルトは「理性は万能！　神の存在だって証明できちゃうぞ！」と唱えましたが、パスカルにとって「神とは人間の理性ではうかがい知れないもの」でした。神とは、理性とは別種の能力である**「心情」**が直接に感知するものだ（つまり、啓示のようなもの）と考えていたのです。

だから、この二人は**「知のデカルト」vs.「信のパスカル」**という対決関係の図式の中で「17世紀を代表する哲学者」として、よく比べられるわけですね。

ちなみに、パスカルとデカルトは、実際に会って意見交換をしているそうです。当時、天才として名高かった24歳のパスカルを、51歳のデカルトが訪ねていき、意見交換をしたのだとか。だから、お互いに憎悪しているとか、そういう関係ではないのでしょう。

◎人間はちっぽけな葦だけど……

それでは、彼の没後に出版された『パンセ』の中の一節、**「人間は一本の葦にすぎず、自然の中では最も弱い者である。だがそれは考える葦である」**とは、どのような意味なのでしょうか。

それは、無限の宇宙と比べたら、人間なんてちっぽけな葦のように頼りなく弱々しい存在。そして、宇宙が人間を殺そうと思えば、ひとしずくの露ほどの力でよい。でも、そのことを知っている人間は「考える葦」であって、そのことを「知らない宇宙」よりも素晴らしいんだぜ！　というわけです。

「思考」によって、人間は宇宙を包み込むのです。弱い葦のような人間。でも思考の力ははかりしれないという話。

さらに、キリスト者としての彼は、「でも、すべてを知っていることよりも、一つの愛の業《わざ》の方が、もっと偉大なんだ！」と説きました。
パスカルの『パンセ』は知恵の宝庫です。ためになる教えがたくさん詰まっています。ぜひ、原典をひもといてみることをお勧めします。

ブレーズ・パスカル（1623～1662年）
中部フランスの町クレルモンに生まれる。父は自然科学に造詣が深かった。わずか16歳で『円錐曲線試論』を発表、また「パスカルの定理」を明らかにした。私たちが使っている気圧の単位、ヘクトパスカルは彼にちなむもの。
パスカルは、信仰とは〝一種の賭け〟であるが、「神が存在する方へ賭ける」方がよいと主張した。なぜなら、神が存在するなら永遠の命が約束され、存在しない場合でも、死後、何も不都合なことはないからである。
「人間は一本の葦にすぎず、自然の中では最も弱い者である。だがそれは考える葦である」

冷暖房があるのは、ベーコンのおかげ?

フランシス・ベーコンは**「近代科学の父」**、そして**「イギリス経験論の祖」**と呼ばれています。

ベーコンの**「知は力なり」**という言葉は有名です。これは、「知識を持っていると、いろいろ便利」という単純な意味ではありません。

一歩進んで、**「科学の力で自然をコントロールすることができる」**ということです。夏には冷房を、冬には暖房をというのは、今ではあたりまえですが、これはよく考えるとすごいことです。自然の原理を逆手にとって、部屋の温度調節をしてしまうのですから。このように**科学の発達は、人間と自然との情報戦**のようなもので、人間が何とか自然の秘密を探り出して、それを応用して機械やら薬品やらをつくり、弱い部分を補強して自然に押しつぶされないようにしている努力の過程です。

ベーコンは、実験によって多くのデータを集めてそれを分析しつつ、自然の法則性を見つけ出す方法を唱えました。これを**「帰納法《きのうほう》」**と言います。

たとえば、「レモンは何色か？」という問いに対して、調査します。そこで、「レモンは黄色い」という目撃情報のデータ（経験）がたくさん集まれば、「レモンの色＝黄」という法則が成り立ちます。

したがって、データの数が多ければ多いほど、導き出される法則が確実なものとなり、「真理」が得られることになります。すべての経験を疑ったデカルトとは、非常に対照的です。

この「帰納法」を提唱したことから、ベーコンは経験論の祖と言われているのです。

◎私たちは4つの〝イドラ（思い込み）〟に惑わされている!?

調査から得られた「事実」にもとづいてのみ、判断を下す――そんなのあたりまえ

ベーコンの「帰納法」

実験

水は冷たい　水は凍る　水は蒸発する　水は分解する

↓

水についての知

法則

実験から得られた"証拠(経験)"から、
本当のことがわかるのだ!

デカルトの「演繹法」

絶対確実な原理

「私は考える、ゆえに私は存在する」

↓

医学　機械学　道徳　自然学

「疑いきれない"大前提"にもとづけば、
そこからより複雑な真理に辿り着ける」

じゃん！　と思われるかもしれませんね。

しかし、ベーコン以前の世界では、「天変地異は魔女のせいだ」とか、「重いものは、軽いものより速く落ちる」だとか、伝統的な迷信や偏見、偉い人が言った根拠もない通説などを、人々は鵜呑みにしていたのですから、これは大きな意義のある指摘だったのです。

一方で、帰納法の致命的な欠点として、間違ったデータであっても、ある程度たくさん集まれば、それを真理として認めなければならない、ということがあります。

そこでベーコンは、人々を真理から遠ざけているこうした〝思い込み〟に「イドラ」と名づけ、4つに分類しました。

①種族のイドラ、②洞窟のイドラ、③市場のイドラ、④劇場のイドラです。

①種族のイドラ……人類に共通な思い込みで、たとえば、昔の人が「雷は神様が怒っているんだ」と思っていたような間違い。自然を擬人化してしまうことが含まれます。

②洞窟のイドラ……各個人それぞれの偏見です。個人の持っている性格やこれまで

受けた教育などの影響で、勝手な思い込みをしてしまうことを指します。

③市場のイドラ……言語の不適当な使用から起こる偏見です。

④劇場のイドラ……学説を鵜呑みにしてしまうという態度です。「あんな偉い人が言ってるんだから間違いない」みたいなことです。

ベーコンは4つのイドラを排除することで、「科学的なものの見方」が育つと考えたのです。

フランシス・ベーコン（1561〜1626年）

イギリスの政治家・哲学者。科学的方法と経験論の創始者。「帰納法」による自然法則の解明と科学技術を探求した。事実の認識をさまたげる偶像（イドラ）の排除を説き、観察実験による新しい思考法を提唱。主著『ノヴム・オルガヌム』。ニワトリの冷凍実験をしている最中に、肺炎になって死亡したという。

「人間の知識と力とは合一する。原因が知られなければ、結果は生ぜられないからである」

私たちの心は〝真っ白な紙〟!?ロック、バークリー、ヒューム

イギリス経験論の代表的な哲学者**ジョン・ロック**は、私たちの心が最初は何も書かれていない白紙**（タブラ・ラサ）**であると唱えました。生まれたときは真っ白なのですが、経験によっていろいろな情報が書き込まれると考えたのです。

これは一見あたりまえのようですが、当時は「生得観念」といって、生まれたときから持っている「観念」が存在すると主張されていたのです。デカルトは「生得観念」を認めていましたが、ロックはこれを否定しました。

ロックは医者であり、哲学者であり、政治学者でもありました。**社会契約論**を唱えるなど様々な方面で活躍しています。

このようなロックの経験論は、アイルランドの**ジョージ・バークリー**によって発展させられました。

私たちは普通、外側に物体があって、それを脳が認識していると考えています。外側にコーヒーカップが実在していて、その像を心の中でつなぎ合わせているわけです。デジカメのようなものです。

けれども、バークリーはそれは変だというのです。リンゴの色、手触り、香りや味は、すべて心の中にあります。だから、別に外側にリンゴがなくたって、色、手触り、香り、味があるだけでリンゴの存在は説明されます。

だから、世界はバーチャルだというわけです。リンゴは存在しなくて、経験的な情報があるだけ。バークリーは**「存在するとは知覚されることである」**と言いました。

◎経験論では「ニュートン力学」まで疑わしい!?

経験論というのは、経験を重視するのだから、さぞかし現実主義者だろうと感じるのですが、何だかSF的な話になっていきます。

というのは、経験を極限まで重視すると、過去やら未来やらを全部カットして、〝今この瞬間〟を見つめるようになります。すると、過去をデカルト並みあるいは、デカルト以上に疑ってしまうので、数分前の記憶などが信じられなくなります。「あれ？　この部屋に何しに来たんだっけ」という健忘症は人ごとではなく、私たちは一分前の出来事について、それが事実だったと証明する方法はないのです。単なる記憶ですから。記録も絶対確実とは言えません（だから、歴史も疑いの目で見なくてはいけません）。

そこで、「今、この瞬間」のことだけが確実とされます。すくなくとも、「痛っ！」「赤だ！」「辛い！」などの瞬間的な感覚は、絶対確実です。もちろん、数秒後には疑わしい記憶になります。

イギリス経験論者**デイヴィド・ヒューム**は、「AならばB」（因果律）も否定しました。因果律というのは、「リンゴから手を離したために、リンゴが床に落ちた」というように、何らかの事態が起こるには、必ずそれに先立って、その原因が存在しているという原則です（あたりまえといえば確かにそうなのですが、大事なことです）。

しかし、エキセントリックなまでに経験論者なヒュームは、この因果律も、「物から手を離せば落下する」という経験を私たちが何度も繰り返すたびに、それを「また、同じようになるだろう」と期待して信じ込んでいるだけだ、というのです。

つまり、「因果律」は、我々の経験にもとづいた、生き生きとした想像に過ぎないのだと。

そして、彼は「ニュートン力学」も因果律なのだから、疑わしいとまで言い出しました。もしかしたら、この世界のどこかで、一回くらい手を離しても物が落ちないことがあるかもしれない、というわけです。でも、物理学まで疑い出したら、もう何も信じられないでしょう。

さらに、ヒュームはデカルトの「自我」も否定しました。「私はある」どころか「私はない」って感じです。あるのは知覚だけ。経験論の行き着く先は、このような**懐疑論**でした。

でも、ヒュームは、こういうのはあくまで論理上そう考えられるだけで、日常生活では、いちいちそんなことは気にしていないと言ってます（そりゃ、そうでしょう）。

ジョン・ロック（1632〜1704年）
イギリス経験論の代表的哲学者。大学で学んだスコラ哲学に失望し、自然科学やデカルト哲学などを学ぶ。友人を数人自宅に招き、様々な議論をしたが、意見が一致しないことがあった。そこでロックはハッと気づいた。「問題を解決するには、何よりもまず、私たちに解決できる能力があるかどうかを、はっきりさせなければならない」。これが「認識論」と呼ばれる学問の始まりだった。

「人間の心は白紙（タブラ・ラサ）である」

ジョージ・バークリー（1685〜1753年）
アイルランドの哲学者・聖職者。知覚について一元論を説く。自然科学の唯物論・無神論の傾向を否定し、神の栄光を擁護しようとした。著書『視覚新論』『人知原理論』など。バークリーは28歳のとき、『ガリヴァー旅行記』の著者ジョナサン・スウィフトを通じて上流階級と交流し、アン女王にも紹介された。アメリカ合衆国のカリフォルニア州バークレー市、カリフォルニア大学バークレー校は彼の名前にちなんでいる。

「存在するとは知覚されることである」

デイヴィド・ヒューム（1711〜1776年）

スコットランド出身の哲学者。ロックとバークリーの説を修正。経験論を極限までつきつめ、懐疑の思想に入る。著作『人性論』など。親切な人柄で、ジャン・ジャック・ルソーの家を探すなど面倒を見ているが、ルソーの猜疑心によって振り回された。

「因果律は信念にすぎない」

ルソーの社会契約論がフランス革命をもたらした！

スイス生まれの**ジャン・ジャック・ルソー**は、教育学者としても**社会契約論者**としても有名です。彼はパリで貴族のサロンに出入りし、思想家のディドロや数学者のダランベールなどと交流、やがて自らも思想家として活躍するようになりました。

33歳のとき、当時23歳の女中テレーズと親しくなり、その後、彼女との間に5人の子どもが生まれます。けれども、子どもをみんな孤児院へ送りました。

とても現代にまで名を残すような「教育者の鑑《かがみ》」の所業とは思えないのですが、いろいろと事情があったのでしょう。

彼の思想は**フランス革命（1789〜1799年）に影響**を与えました。特に『人間不平等起源論』と『社会契約論』は有名です。

「社会契約説」とは、それまでの〝神から王様に権力が与えられた〟とする「王権神授説」を否定し、平等な人間同士が、よりよい状態をつくるために交わした〝契約〟によって、国家はつくられるべきだというものでした。

ルソーは、国家ができる前の、人間がありのままに生きている原始的な状態（自然状態）は、いかなるものであったかについて考えてみました。

ルソーに先立ち、イギリス経験論者**トマス・ホッブズ**や**ジョン・ロック**も、この「自然状態」について考えています。特にホッブズの考えた「自然状態」は、インパクトがあります。

ホッブズは、人間は利己的な存在なので自己愛しかなくて、自分の命や利益ばかりを守ろうとし、自然状態は戦争状態になっていると考えました。これは**「万人の万人に対する闘争」**「人が人に対して狼」というあり方です。

ホッブズによると、これでは自己保存ができなくなるので、人は「理性の命令」（自然法）に従って社会契約を結び、国家が成立したと考えました。

けれども、ルソーの考える自然状態はちょっと違います。彼は、自然状態における人間（自然人）は、二つの能力を持っていると考えました。

一つは「自己愛」で、自己保存の本能です。もう一つは「憐憫《れんびん》の情」であり、他者の苦痛を避けるように働く感情です。よって、自然人は満ち足りていて、誰にも依存することはないので、ホッブズの説くような「万人の万人に対する闘争」などは存在しないと説きました。

だからルソーは自然のままの状態を称え、**「自然にかえれ！」**という、そのものズバリな名言を残しています。

◎ルソーの考えた〝大いなる意志〟って？

では、人間が相互に結びついて、共同体を形成するのは、どのような原理にもとづいているとルソーは考えたのでしょうか。

彼は、土地の私有に始まる「私有財産制度」が、この平和な世界に争いを起こして、この世から思いやりの心や正義感をなくしてしまう原因となったと考えます。「みんなの物」じゃなくて、「誰か一人のもの」が地上に生まれたときから、争いが生まれる――かなり納得のいく話です。

「人間は生まれながらに自由であるが、いたるところで鉄鎖《てっさ》につながれている」

これは本来の社会状態ではないので、社会契約にもとづき、自由を保障する国家を形成しなければならないとルソーは主張しました。

この新しい国家では、人々は誰しもが政治を決定する権利を持っていて、国家は**「一般意志」**によってのみ動かされなければなりません。「一般意志」とは、みんなが認めることのできる**〝公共の利益〟をめざす、「大いなる意志」**のことです。

ルソーはこれを具体的に示していないのですが、この意志は常に平等に向かい、決して誤ることはない意志であるとされます。そして、法はその一般意志が表明されたものです。

◎これが〝民主主義〟誕生の瞬間！

たとえば、数人でお昼ご飯を何にしようかと話し合ったとき、「カレー」「そば」

「牛丼」といったそれぞれの主張は**「特殊意志」**と呼ばれます。「特殊意志」は自分だけの利益を求める意志であり、この「特殊意志」の総和が**「全体意志」**と呼ばれます。この「全体意志」では、ごちゃ混ぜの意志の寄せ集めで、すべての人が満足できる結果が出ません。

ところが、「一般意志」は、「ラーメンだったら、みんなＯＫ！」というように統一的な意志で、すべての人が納得するものです。

世の中にそのような全会一致があるとは考えがたいのですが、これに近づけることが理想なのです。それがかなってこそ、人々は私欲を捨て、本来の道徳的な自分に従うことになるのだと、ルソーは考えました。

よってルソーは、一般意志を明らかにするためには、人民が集会を持ち、自己の意見を表明することが不可欠であると考えました。それには、すべての人民が直接政治に参加できる、直接民主制の国家をつくるしかありません。

後に世界中へと広まっていく**「民主主義」誕生の瞬間**です。ルソーのこの考えが、フランス革命やフランス人権宣言に大きな影響を与えたのです。

彼の思想と本人の行動にかなりのギャップがありますが、彼の思想が歴史を変え、私たちの現在の政治に強く影響しているのは、間違いないでしょう。

ジャン・ジャック・ルソー（1712〜1778年）

ジュネーヴに時計技師の息子として生まれたが、母は彼を産むと間もなく死亡。父の手で育てられた。10歳のとき、父が失踪。彼は、親戚や知人の家に預けられ、13歳から16歳まで徒弟奉公に出た。16歳でジュネーヴから脱走して放浪生活を送るが、ヴァラン男爵夫人に助けられて約10年の間、庇護を受け、後にその愛人となる。

貴族のサロンでデビュー。教育論『エミール』で自律の精神を説き、これは、後にカントに影響を与える。『人間不平等起源論』『社会契約論』を著す。

「自然にかえれ」

堅物カントが世界を180度〝逆転〟させた！

ドイツの哲学者**イマヌエル・カント**は、哲学史の中でも超ビッグです。彼は「人間が認識できる領域」と「できない領域」を線引きしました。また、すぐれた道徳哲学を構築しました。

その思想にふさわしく、彼は大変規則正しい生活を送ったことで知られ、毎日必ず一定の時刻に一定の道を散歩したので、近所の人たちはカントが通ると、その姿を見て家の時計の狂いを直すほどだったそうです。

カントは最初、デカルトの流れをくむ**「大陸合理論」**の立場をとっていました。理性で考えれば「神」「霊魂」「宇宙の果て」「自由」「物質のしくみ」など、何でもわかってしまうという立場でした。

ところが、彼は、ヒュームの懐疑論にふれたことで「独断の夢から覚まされた」と言います。そこで、カントは合理論と経験論をうまく調整しました。**まず「経験」があって、それから、「理性」が整理整頓して世界を認識している**としたのです。

私たちは生まれながらにして、空間・時間の形式や、因果律といった、「理性的な枠組み」をもって世界を理解するようになっています。

いわば、常に**「理性」という名のサングラスをかけて世界を見ている**わけです。つまり、私たちは、世界をありのままに、受動的に受けとっているのではない。知覚を通して入ってくる様々な情報に対し、能動的に理性を働かせて、それらを整理し、秩序立てることで世界をつくり上げている、というのです。

「認識が対象に従うのではなく、対象が認識に従う」——。この発想は、従来の常識とは180度逆のものでした。

そこでカントは、天動説から地動説への逆転になぞらえて、これを**〝コペルニクス的転回〟**と名づけたのです（何か、かっこいい！）。

これがカントの「コペルニクス的転回」だ！

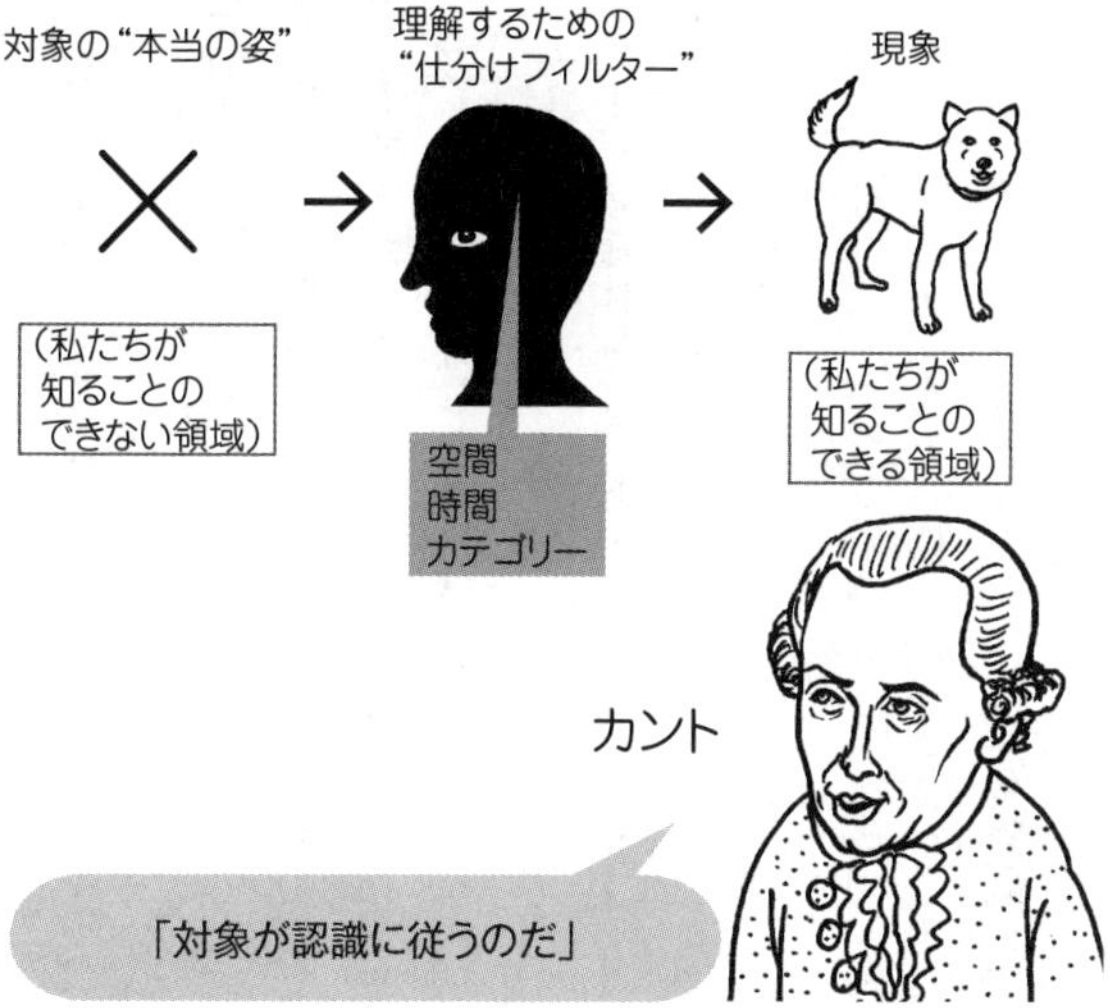
対象の“本当の姿”
（私たちが知ることのできない領域）
理解するための“仕分けフィルター”
空間
時間
カテゴリー
現象
（私たちが知ることのできる領域）
カント
「対象が認識に従うのだ」

そして〝理性の人〟カントは、このような人間の理性の限界をも見極めようとしました。

そして、「神」「霊魂」などは、「経験不可能な領域である」と結論づけました。私たちが認識できるのは、科学の世界だけなのです。

というわけで、「神」や「霊魂」のことはわからないけれど、ニュートン物理学は間違いないという結論になりました。

カントの哲学は徹底して理性の哲学ですから、神秘的なことは認められないのです。

◎お堅いカントが霊能力者とお友達!?

ところが、カントはある霊能力者と友達でした。**エマニュエル・スウェーデンボリ**という人です。スウェーデンボリは天文学や船舶工学などで発明・考案の才能を発揮した科学者ですが、あるとき、霊感を受け、精霊や天使たちと交流することを天職と自覚、多くの著作を著した人物です。

カントは、『形而上学の夢によって解明された視霊者の夢』において、スウェーデンボリの不思議な体験に関して考察しています。

1745年4月、スウェーデンボリはロンドンで幻視を体験しました。霊が出現して彼に「人々に聖書の霊的内容を啓示するために、あなたを選んだ。何を書くべきかを示そう」と語りかけました。

後に、スウェーデンボリは肉体から霊体をひきはなして、自由に霊界へと向かうことができるようになります。いわゆる幽体離脱ができるようになったのです。

カントは、ある女性への手紙の中に、スウェーデンボリの超能力について報告しています。今まで超常現象などうさんくさいと思っていたのですが、彼についてだけは違うように思う、というのです。

スウェーデンボリは透視能力を持っていました。あるとき、オランダ公使の未亡人が、夫の遺した大切な書類を探しましたが、見つかりませんでした。そこで、スウェーデンボリが、階上のタンスに隠し引き出しがあることを透視し、めでたく書類を見つけてみせたのです。

さらにスウェーデンボリには、遠隔透視能力もありました。彼は、50マイル（約80キロメートル）離れた町から、ストックホルムで火災が起こっているのをリアルタイムで霊視しました（まだ、電話やネット、テレビで情報が伝わらない時代です）。自分の家から三軒目のところで火が消えたことを視《み》たというのです。後から、実に細部にわたって正確に透視していたことが明らかになりました。

カントはこのようなスウェーデンボリの能力に興味を持ち、彼の著作『神秘な天体』を購入しました。カントは霊現象に中立的で、こういったことを解明する理論そのものを検討しなければならないと考えたのです。

◎カントは神や霊魂について、こう考えた！

では、神も霊魂も存在しないのでしょうか。カントは、それらを証明することはできないとしました。でも、「要請される」と言っています。

「要請される」とはわかりにくいのですが、**神や霊魂がないとおかしい**ってことです。つまり、証明はできないのですが、神も霊もあることがわかるのです。なぜ、わかるのかというと、自分の心の中を見ればわかるのです。

もし、人間が科学の法則だけに支配されていて、ロボットみたいに動いているならば、常に「もし、AならばBせよ」という因果律に従うはずです。「もし、何かの見返りがあるなら、この人を助けよう」と考えたら、これは因果律に従った**心の命令（仮言命令）**です。

また、これを私たちの人生にあてはめてみたらどうでしょう。「眠くなったから寝る」「腹が減ったから食べる」という因果律に支配されて、条件つきで生きていたら動物と同じで、とても理性的とは言えません。

けれどもカントによると、私たちの心の中には時として、「無条件にBせよ」という命令が響くことがあるのです。たとえば、「無条件にこの人を助けよ！」という命令が心に響くとき、この**無条件の命令（定言命令）**には「もし○○ならば……」という下心がありません。

だから「無条件に○○せよ」は**道徳的命令**です。また、原因と結果に支配されていないのですから、ここには自由があります。

「もっと食べたいけど、我慢せよ！」という命令に従うことが自由なのです。自分で食欲をコントロールしていることになりますから。

◎なぜカントは生涯〝規則正しい生活〟を送ったのか？

カントの自由は、私たちの理解している自由とは、ちょっと違うのです。

私たちは何でも好き放題できるのを自由と思っていますが、カントによると、**「自律」**つまり、人間は自分の利害・欲望に左右されず、道徳的な命令（定言命令）にかなう行為をしたときこそ、真に自由なのです。

たとえば、「今日は5時間勉強するぞ！」と決意して、そのとおりに5時間勉強したら、自分を自由にコントロールしたことになります。途中で「やっぱ、やめた。寝るか……」となれば負けです。自由がなかったのです。

カントが規則正しい生活を送ったのも、こうした考えにもとづいて自らを律し、真に自由になるためだったのかもしれません。

この命令はいったいどこから来るのでしょうか。すくなくとも現実の世界ではありません。なぜなら、現実の世界は、物理学的に「もしAならばB」という因果律の範囲で動きます。ですから、「あの世」のよ

うなところから来る命令に違いありません。
そう。道徳的命令が存在するということは、現実世界だけでは説明がつかないのです。道徳をめざす不断の努力は、現実だけでは実現しないので、死後の世界も存在しなければなりません。こうして、カントは、「現実世界」と「あの世」のような領域を想定してズバッと分けたのです。

イマヌエル・カント（1724～1804年）

ドイツの哲学者。1740年にケーニヒスベルク大学に入学。後に同大学教授として活躍し、『純粋理性批判』『実践理性批判』『判断力批判』を刊行し、批判哲学を完成。1786年と88年にはケーニヒスベルク大学総長を務め、名声をきわめる。詩人のハイネに「町の寺院の大時計でも、カントほど冷静に規則正しく日々の務めを果たしたとは思われない」と評されたほど、規則正しい生活で一生涯独身を通した。1804年、「それでよい」という最期の言葉を残して80歳の生涯を終える。

「無制限の善と見なされ得るものは善意志より他には全く考えることができない」

ヘーゲルの「弁証法」はロールプレイングゲーム（RPG）だ！

カントは、人間には「神」や「霊魂」など〝認識できない領域〟があると考えました。ある意味、控えめです。ところが、近代哲学のチャンピオンである**ゲオルグ・ヴィルヘルム・フリードリヒ・ヘーゲル**は、「認識できないところも全部わかっちゃう」という究極の哲学を展開しました。

なぜ、私たちは世界のすべてがわかるのか。

ぶっちゃけて言うと、私たちが「神」だからです。

「そんなアホな！」という感じですが、本当にそう言っているのです。もちろん、哲学ですから、かなり難解です。でも、自分が「神」なのは確かです。

ただ、発展途上の神です。まだわかっていない神なのです。ヘーゲルの哲学を勉強すれば、「オレは神だったんだ！」とわかる仕組みになっています（なんか危なそうですが、これはあくまでくだけた表現にしただけです）。

ヘーゲル哲学はこんな感じで表現するとよいでしょう。世界は、矛盾を乗り越えてエンディングへと向かうロールプレイングゲーム（RPG）のようなもの。敵が出てきて、バトルして経験値を高め、さらに敵が出てきて経験値が高まる……。このパターンが**「弁証法《べんしょうほう》」**なのです。

ヘーゲルによると、あらゆる現象は、

①まだ矛盾が表面化していない安定した段階（即自）
②矛盾があらわになる段階（対自）
③矛盾が解消し、高められ、保存される段階（即自かつ対自）

と展開します。

これが「弁証法」の三段階です。

たとえば、今の成績が偏差値40（即自）のままではいけないと思う↓つらい受験勉強をする（対自）↓成績が上がった！（即自かつ対自）なんていうのが弁証法です。たるんだ身体（即自）にベンチプレスで負荷をかける（対自）とムキムキになる（即自かつ対自）なんていうのも、立派な弁証法。

ヘーゲルの考えでは、**歴史も弁証法的に進歩**します。安定した時代は、突如として矛盾を抱え、全く新しい時代へと突入していく。その繰り返しは、まさに弁証法。こうしてヘーゲルは、**近代哲学のチャンピオン**となったのです。

けれど、現代に入ると、科学がますます発達して、工業技術の発展により資本主義の矛盾が出てきます。

この後の哲学は、**「人間がどうやって幸せになるか」**という哲学が展開されていきます。

ヘーゲルの弁証法――「無限のレベル・アップ」！

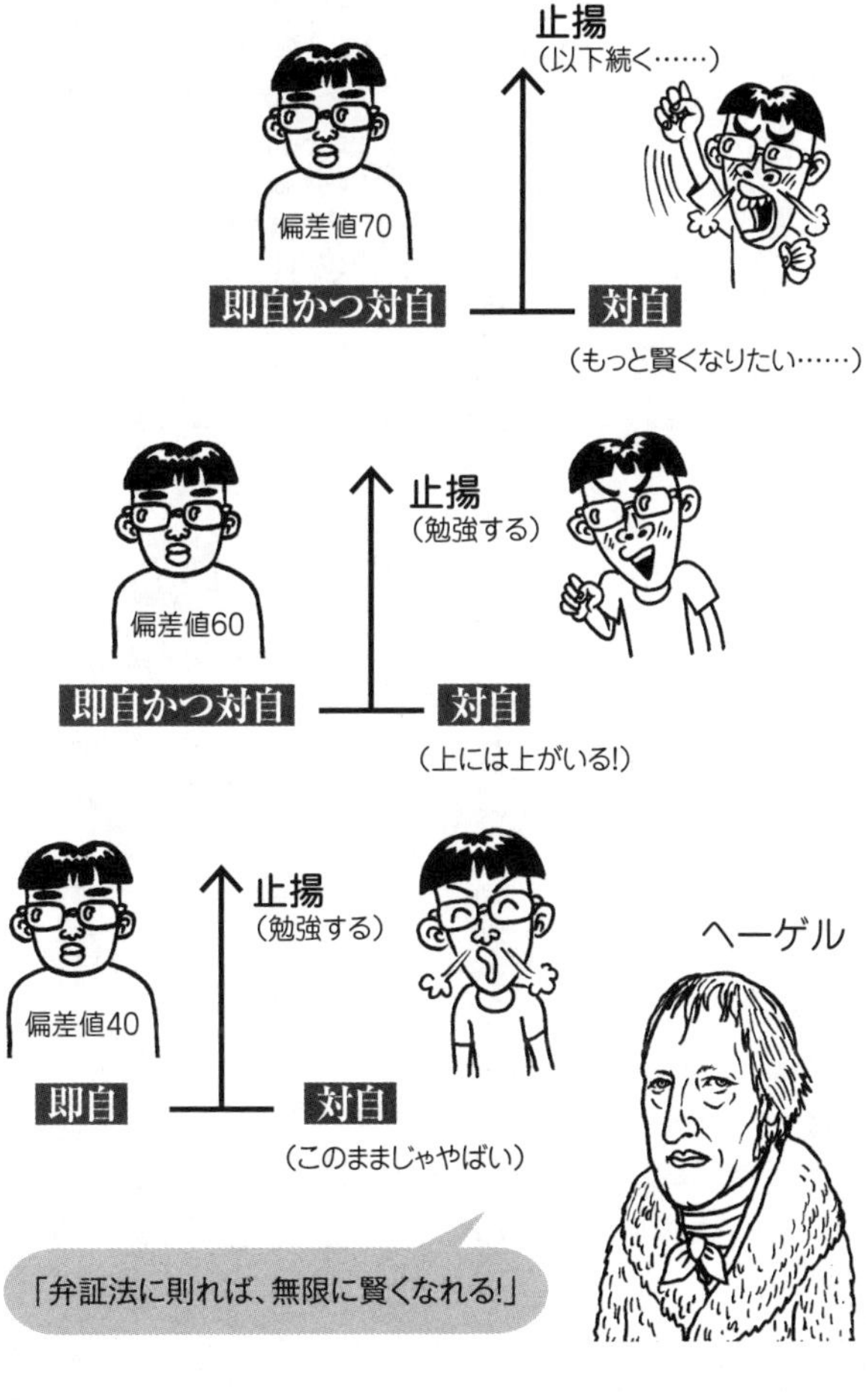
止揚
（以下続く……）
偏差値70
即自かつ対自
対自
（もっと賢くなりたい……）
止揚
（勉強する）
偏差値60
即自かつ対自
対自
（上には上がいる!）
止揚
（勉強する）
偏差値40
即自
対自
（このままじゃやばい）
ヘーゲル
「弁証法に則れば、無限に賢くなれる!」

ゲオルグ・ヴィルヘルム・フリードリヒ・ヘーゲル（1770〜1831年）

自然と世界の全体を弁証法で解明し、ドイツ観念論の大成者となった。1788年、チュービンゲン大学の神学科に入学。1801年ドイツの哲学の中心地イエナに移り、イエナ大学講師となる。1807年に最初の著作『精神現象学』を著す。『精神現象学』を仕上げようとしていた窓の下を、侵攻・占領したナポレオン軍の戦勝パレードが通った。このとき、彼は大いに喜んで、「馬にまたがって世界を制覇し支配する人物」と賞賛したという。1818年、ベルリン大学の哲学教授となる。『法の哲学』『エンチクロペディ』刊行。1831年、ベルリンでぶどうを洗わずに食べたためコレラにて死去。

「理性的なものは現実的であり、現実的なものは理性的である」

4章

現代哲学1

――「私のための幸福論」のめざめ

悩める〝私〟のための哲学を！
――キルケゴールの魂の叫び

さて、ヘーゲル哲学によって、近代哲学はエンディングを迎えます。というのは、キルケゴール、ニーチェ、マルクスらの思想家によって、ヘーゲルは総攻撃を受けたからです。

言い換えれば、**ヘーゲルの哲学を乗り越えるところから現代哲学が始まった**のです。

デンマークの哲学者**セーレン・キルケゴール**は、キリスト教の思想家です。ニーチェとともに、人間の内面に思索の中心をおく**「実存哲学」の祖**とされています。

彼の人生はまさに波瀾万丈。キルケゴールには何人か兄弟がいましたが、その多くが若くして亡くなりました。彼の父は、それをかつて自分が犯した罪への天罰だと考え、息子であるキルケゴールに対しても「私の業《ごう》が及ぶので、お前も絶対幸せにはなれない！」という、ありえない妄想を押しつけたのです。

けれど、感受性の強い哀れなキルケゴールは、この父のたわごとをすっかり信じ込んでしまいました。このような経験から、彼は絶望に苦しみ、**「自分にとっての真理」**を追い求めるようになったのです。

◎〝ロジック〟よりも「私にとっての真理」を！

たとえば、あなたが彼女（彼氏）にふられたとしましょう。

友人が肩をたたいて、

「キミがふられたというのは、ヘーゲルの弁証法に従った現象なんだ。恋愛という安定した関係（即自）に矛盾が生じ（対自）、それら両者が止揚した結果が今だ（即自かつ対自）。だから、宇宙全体から見れば、すべてはうまくいっているんだ……」

なんて慰《なぐさ》めてくれたとしても、あまり効果はありません（というか腹が立ちます）。

キルケゴールは、こうしたヘーゲルの哲学は**客観的真理**を求めたもので、そこには

「私にとっての真理であるような真理」（＝**主体的真理**）が存在していないと言います。

思えば、ヘーゲルだけでなくこれまでの哲学は、とにかくロジックありきで、世界と人間全体をとらえようとしたものでした。

こうした過去の哲学を振り返って、キルケゴールは考えました。

「それが『私にとって』、また『私の生活にとって』本当に深い意味を持たないとしたら、それが何になるだろうか？」

そこで彼が彼の哲学の中心にすえたのが、**「実存」**（Existenz）です。**実存とは「今生きている私自身」のこと**ですから、他人と取り替えることができません。自動車のパーツとわけが違うのです。

だからこそ実存としての私は、自分を見失ったり、神を忘れて高慢になったり、自暴自棄になったり、「絶望」したりします。そして、**「絶望」は「死に至る病」**です。

「万人に通じる真理」よりも、「今この人生を生きている私にとって大切なこと」、そのためになら死ねるような真実が欲しい。

そんなキルケゴールの魂の叫びが、彼の哲学の出発点だったのです。

◎キルケゴールは「悩んでこそ人間」と豪語！

キルケゴールは、私たちが絶望に至る宿命的な理由を明らかにしています。

「ああ、何もかも満たされているのに、この心の空腹感・モヤモヤ感は何なのだろう」

と思うとき、人は自己意識に向かい合っています。

ひたすら快楽だけを求めて、「深く考えたらダメっすよ」「楽しければいいんじゃない？」と動物のように生きていると、必ず現実の壁にぶつかります。そして、「このままじゃいけない」「自分が変わらなければ」という意志を持つことを強いられます。

「彼が意志を持つことが多ければ多いほど、彼はまた多くの自己意識を持つ」とキルケゴールは書いています。

悩みがいっぱいなのがあたりまえ。それはもともと、人間が自己と向き合う存在だからだとキルケゴールは考えました。

自分のことを真剣に考えれば考えるほど、「このままではいけない！」という焦燥感が強まり、絶望の度合いも強くなってくるのです。

普通はそこから逃げてしまって、「考えても仕方がない」と、何か刺激的なもので忘れ去ろうとします。でも現実は厳しく、必ず「絶望」がおそってくるわけです。

そして絶望は「死に至る病」ですが、この病気にかかるのは人間だけ。それこそが、人間が動物以上の存在である証拠です。だから、絶望するのはよいことなのだとキルケゴールは考えました。

◎キルケゴール流「魂が救われる」3つのステップ！

そして彼は、実存を3つの種類に分類しました。

まず、「人生楽しきゃ、それでいい」という快楽に身を任せる生き方を**「美的実存」**と名づけました。

しかし、人間は快楽を求め続けていると、それがたとえ満たされていたとしても、あるときむなしさを感じます。快楽を享受するには、絶えず変化を求めなければなりません。そして、もし快楽を得ることに失敗した場合は、美的実存はただちに退屈し、憂鬱になります。まさに快楽の奴隷……。

そこで、**「どのように生きるべきか」という主体的真理**を、現実の自らの人生において問い求めるあり方に入ります。具体的には、良心を持って誠実に生き、職業に就いて社会人としての義務を全うし、家族の面倒を見るなど、他者に責任を持って生きようとすること。

これが二段階目の**「倫理的実存」**です。でも、これもいずれは挫折するに違いないとキルケゴールは考えました。自分が良心的であればあるほど、「なんて俺はダメなヤツなんだ！」という絶望に浸ってしまうわけです。

キルケゴールの著作『あれかこれか』では、このような「美的実存」と「倫理的実存」の狭間で生きるあり方が説かれています。「あなたはどっちを選びますか？」という内容です。

そして、キルケゴール自身はキリスト教徒なので、そのどちらも選ばず、三段階目の**「宗教的実存」**を最終ゴールにおきました。「ダメな私」が救われるかどうかは不

キルケゴールの唱えた「質的弁証法」

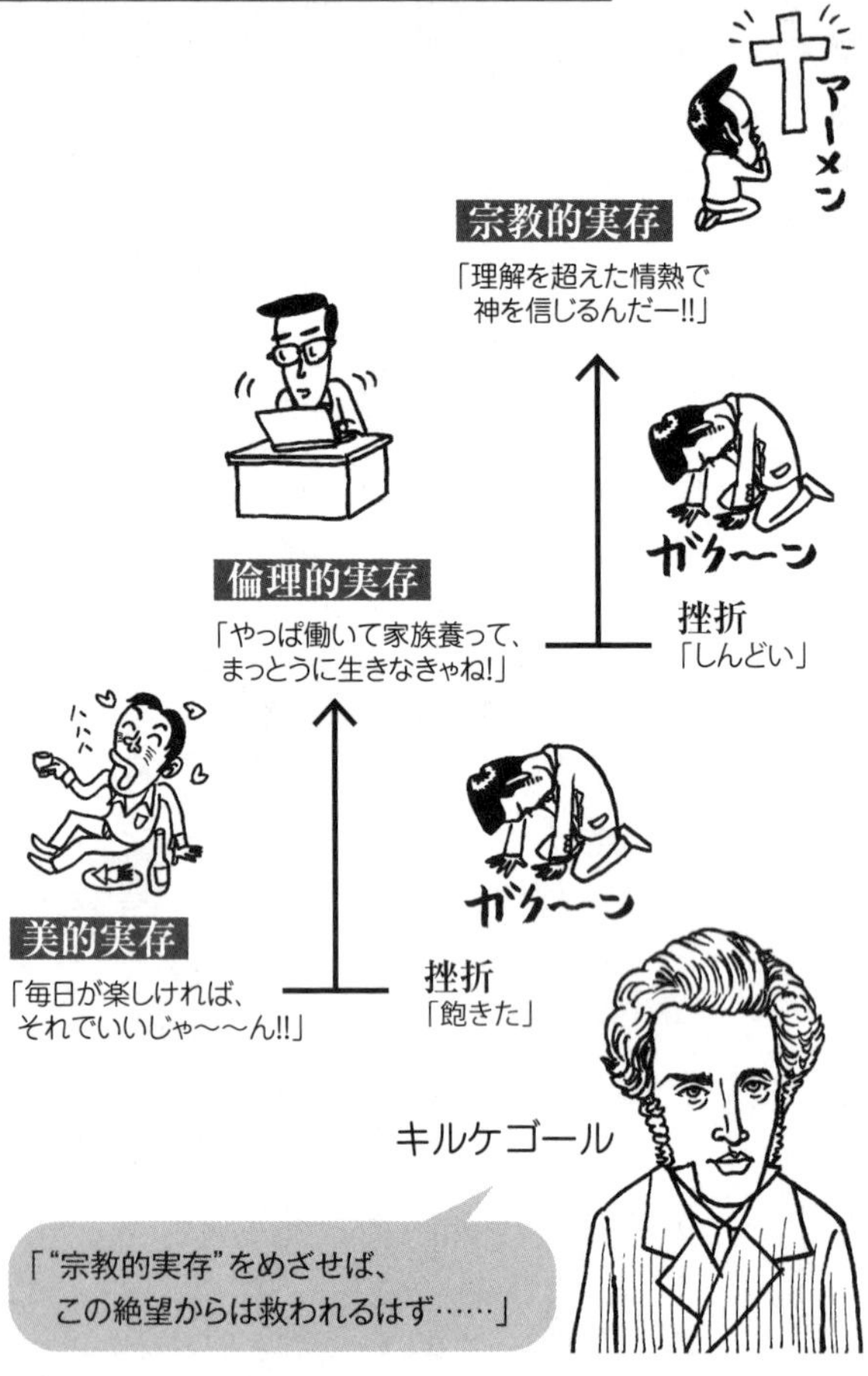
アーメン
宗教的実存
「理解を超えた情熱で
神を信じるんだー!!」
倫理的実存
「やっぱ働いて家族養って、
まっとうに生きなきゃね!」
ガクーン
挫折
「しんどい」
美的実存
「毎日が楽しければ、
それでいいじゃ～～ん!!」
ガクーン
挫折
「飽きた」
キルケゴール
「“宗教的実存”をめざせば、
この絶望からは救われるはず……」

明ですが、徹底して歴史的事実としてのキリストの十字架を信じる。ここにおいて、実存は主体的に考え、徹底して自己を生きる**「単独者」**となるというのです。

この考え方を教科書的には、ヘーゲルの「量的弁証法」に対して、質的に矛盾を乗り越えて高まっていくため、**「質的弁証法」**と呼んでいます。

セーレン・キルケゴール（1813～1855年）

デンマークの哲学者。キリスト教思想家。ニーチェとともに実存哲学の祖とされる。いくつものペンネームを使い分け、宗教的な本を書くときは実名、世俗的な本を書くときは偽名を使った。偽名で『あれかこれか』『反復』『不安の概念』『死に至る病』などの著作を発表。驚くことに、彼の生前の著作はすべて自費出版だったが、それでも本を書き続けたのは、愛する女性レギーネ・オルセン（婚約したが、キルケゴールから破棄した）に捧げるためだったという。

「私にとって真理であるような真理が必要なのだ」

生きることは苦悩？ ショーペンハウアーの「幸福論」

ドイツの哲学者**アルトゥル・ショーペンハウアー**は、カントの「認識論」をさらに徹底させて、「この世界は表象的なものに過ぎない！」と唱えました。そして、その根源にあるものは**「意志」**だと考えました。

たとえば、「眼」とは「見たい」という意志が、現象化したもの。つまり「見たい、見たい！」という気持ちが物質化すると、眼球になるというわけです。何となくわかるでしょう？

「嗅ぎたい」という意志が、現象化すると「鼻」、「食べたい」は「口」、「歩きたい」は「足」です。その他、「髪の毛」とか「眉毛」とか「鼻毛」とか（毛ばっかりですが）、そういったものは、何の意志が現われたのか考えてみましょう。

まず、「こうしたい！」という「意志」があって、それがこの世界に形として現われている。何やら、世界全体が「一つの生き物」であるかのような、すごいイメージが膨らんでくるではないですか。

◎この世は〝生きたい！〟という欲望がぶつかり合っている！

さらにショーペンハウアーは、あらゆる動植物を観察すればわかるように、これらには「～したい」という意志が形として表現されていると言います。

ところが、この意志は**「生きんとする盲目的な意志」**です。生物は生きたいから生きているだけで、何ら目的・ゴールはないのです。

そう言われてみると、「自分って何のために生きているんだろう？　生きたいから生きているのかな？」と思うのではないでしょうか。そして、その行き着く先は――「生きている意味は、特にない」。

とすれば、私たちの人生とは、「無限に欲望が生じて、それを満たそうとするだけ」のこと。そうなると、さあ大変！　私たちの欲望は無限大に広がる一方、現象の世界は制限のある世界ですから、欲望は永遠に満たされないことになります。

それは、煮えたぎった湯の入っている鍋が、ピッチリとフタをされてしまったようなもの。出口がありません。私たちが生きている世界は、そんな圧力鍋みたいなものだとすると、欲望と欲望がぶつかり合い、闘争・戦争となるしかないのです。

求めるものは無限ですから、何かの目的が達成されても、次の欲望が生まれてきて、いつも人は苦しみます。

だから、ショーペンハウアーは、人生は苦悩以外の何ものでもなく、すべての努力は虚しいものである、と考えました。この世界は限りなく悪く、もしこれ以上悪かったら、存在することさえできなかっただろうというのです（ものすごく暗い……）。

◎「苦しみから脱出する方法」はこれ！

ただ、そんな苦しみの世界でも、ちょっとはポジティブに生きていくことができると、ショーペンハウアーは考えました。

彼は、まず**「同情」**を大切にすることだと説きました。「同情」は、人が他者の苦しみを目撃するときにすぐに生じる感情で、**他者の「生きんとする意志」を承認する感情**だとします。

誰かが足をひねって「イテテ！」と苦しんでいると、自分もじわーっとそれを感じます。そして同じ苦しみをちょっと共有します。「同情」を大切にすると、利己主義を捨てて「利他主義」をとれるのです。

ショーペンハウアーによると、個人が「生きんとする盲目的な意志」を超えて他人に配慮することで、世界の「根本意志」（宇宙）との融合がなされ、人生の苦脳が緩和されるのです。

「少し東洋的だなー」と思ったあなた！　ご明察のとおりです。彼はインドの思想をもとにカントの哲学を合体させて、自らの新しい哲学を説いたのでした。

さらに、苦しみを減らす方法が他にもあります。それは**「芸術鑑賞」**です。芸術に接すると、人間は「現象の世界」から、「根本の意志」の世界に接することができます。

つまり、宇宙のエネルギー源のようなところを一瞬、垣間見られますので、その間は苦しみから解放されます（ショーペンハウアーは、プラトンの「イデア論」にも影響を受けています）。

◎〝禁欲〟しちゃえば、万事ＯＫ!?

では、「同情」と「芸術鑑賞」をしていれば、人生の苦しみから脱出できるのでしょうか。残念ながら、この「同情」「芸術鑑賞」も、一時的な鎮静剤にしかなり得ないというのです。頭痛薬のようなものなのです。

なぜなら、「生きんとする意志」が存続する限り、意志の苦悩と世界の悲惨は止みはしないからです。ということは、「生きんとする意志」が止むとき、苦悩と悲惨が解消するのです。「死んじゃうってこと?」と思った方は半分正解です。

死んじゃって、もうこの世に生まれ変わってこないように（現象化しないように）する必要があるのです。

「じゃあ自殺はOK？」それはNGです。

自殺は一時的に現象世界から自分を消すだけですから、何の解決にもならないとショーペンハウアーは言います（つまり輪廻《りんね》してしまうということ）。

では、どうすればよいのでしょう。人は、自らを洞察し、自らに「生きんとする意志」を否定するよう命令することができます。だから、彼は人が自らの「生きんとする意志」を否定する**「禁欲」**こそが、苦しみから脱する道であると考えました。

「意志することを中止し、何ものかに自分の意志が執着しないように警戒し、ありとあらゆる事物に対する無関心を自己の内面に確立しようと努める」のです。

こうして、禁欲に次ぐ禁欲を繰り返していけば、単に人生の苦しみに追われることもなく、積極的な禁欲の苦しみによる**解脱《げだつ》の境地**が得られるのだとします。

まさに出家主義。とても私たちには実行できそうにありませんが、ちょっとこの思想を取り入れれば、ダイエットなどには効果があるに違いありません。

糖類と塩分、脂肪類を極力カットした食事を続けます。具体的なメニューは豆腐、納豆、海草類、魚介類、減塩味噌、そして炭水化物は控えめに。
え？　そんな食生活は苦悩に他ならないって？
そう。やっぱり人生は苦悩の連続なのですね。

アルトゥル・ショーペンハウアー（1788〜1860年）
ドイツの哲学者、主著は『意志と表象としての世界』。インドの『ウプネカット』（古代インドの哲学書『ウパニシャッド』のラテン語訳）に影響を受け、西洋哲学によって汎神論体系を構築した。「生の哲学」とも呼ばれる。ニーチェ、フロイト、ウィトゲンシュタインなど哲学者、心理学者、芸術家などに大きな影響を与えた。彼の母は小説家だったが、自己顕示欲が強く、しばしば親子喧嘩をしていた。あるとき口論となって母親が彼をつきとばしたとき、「将来において、あなたの名前は私を通してのみ伝えられることになるだろう」と捨てゼリフをはいた。この予言は的中することとなった。

「孤独は、すぐれた精神の持ち主の運命である」

ニーチェの〝運命愛〟――もう一度同じ人生を生きるとしたら？

キルケゴールとともに**「実存哲学の祖」**とされるドイツの哲学者**フリードリヒ・ニーチェ**は、24歳という異例の若さでバーゼル大学の教授となりました。

けれども、あの音楽家のリヒャルト・ワーグナーに心酔、ワーグナーを私的にヨイショする論文『悲劇の誕生』を著して、学会から無視されてしまいます。その後、持病が悪化して大学教授をやめました。

さらに、ワーグナーとの友情も決裂。ルー・サロメという女性に愛の告白をするも拒絶され、家族との関係も悪化して、友人も失い孤独地獄。

病気がさらに悪化する中で次々と著作を出しつつも、最後はトリノで発狂して、余生は廃人として生活することになったのです。

◎何があっても「強く生きる」！

そんな悲劇の哲学者ニーチェが説いたのは、**「運命を愛する」**ということです。

「どんなに自分の人生がつらくとも、それを何度でも引き受ける」という力強い哲学です。

それも、悲劇が無限回にわたって繰り返してきても、「Ｙｅｓ！」と肯定しようというのです。

さらに、ニーチェの**「力への意志」**という考え方を知ると、日常生活で生じる不平不満は少し和らぎ、「あの人にああ言われた」「彼はあんなことを言って身のほど知らずだ」「ヤツの態度はけしからん！」なんて腹の立つことが少なくなるはずです。

自分自身も含めて、「人は自分が目立つためには、いろいろ理屈をつけるものなんだなぁ」と理解できるようになるからです。

たとえば、「駆け込み乗車は他人の迷惑になるよ」とある人が発言したとき、その人がどのような気分でそう言ったのかを考えると、とらえ方が変わってきます。

「なぜこの人は、駆け込み乗車は他人の迷惑になる」と言ったのか。

それは「不安だから」「危ないから」という理由もあるでしょうが、何といっても駆け込み乗車をしたルール違反をする人に対して、「ムカついている」のです。

「授業中は静かにするべきだ」（こいつムカつく！）

「電車の中でケータイをかけるのは控えてください」（こいつムカつく！）

「制限時速を守りましょう」（こいつムカつく！）

そこで「ムカつくヤツには、ガツンと一言、言ってやらねば！」となり、「駆け込み乗車は他人の迷惑になるよ」と発言。


まあとにかく、道徳的な説教が始まると、その内容ももっともなのですが、背後には、「そう言いたい！」という力があるのです。これは言い換えれば**「より力を持ちたい」**とか**「より高い存在になりたい」**という力です。

ニーチェは、これを**「力への意志」**と呼んだのです。

◎なぜルサンチマン（逆恨み）は生まれる？

人は誰でも、「他人より優位に立ちたい気持ち」を持っています。

それだけではありません。ニーチェによれば、今の自分を今のあり方よりも、もっとよくしたいと思っていますし、それどころか、今の自分を犠牲にしてでも、より高い価値を生み出したいという意志を持っているというのです。

このように、他人に対してであれ、自分に対してであれ、よりパワーアップしたいという意志、すなわち「力への意志」を人間は心の奥底に持っています。

自己を高め、成長させようとする根源的なエネルギーが「力への意志」です。

だから、よりいい学校へ、よりいい会社へと高みをめざします。

でも、現実はなかなか、そうは問屋が卸《おろ》さない。自分の人生、失敗続き。

すると、人はこう考えたくなります。とにかく「力への意志」は燃えさかっているわけですから、どんな形でも勝たなければならない。

逆恨みからくる「ルサンチマン」

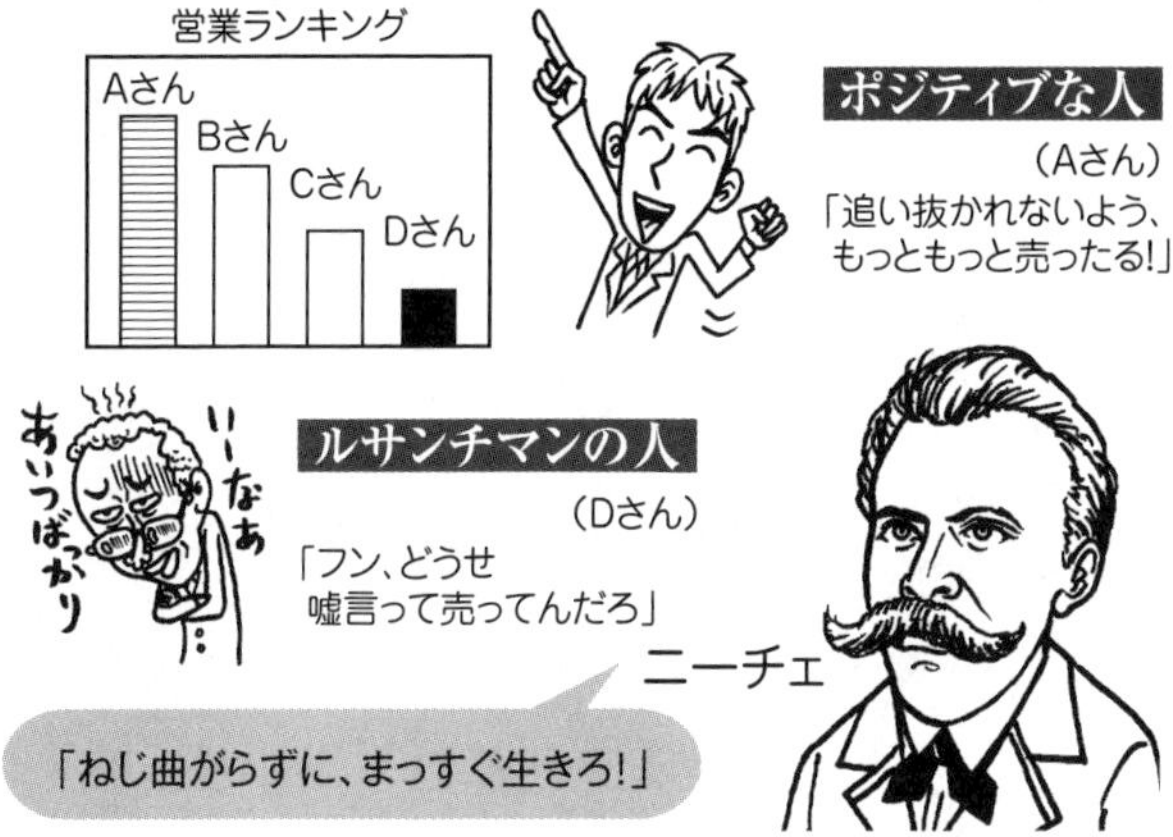
営業ランキング
Aさん
Bさん
Cさん
Dさん
ポジティブな人
（Aさん）
「追い抜かれないよう、
もっともっと売ったる!」
ルサンチマンの人
（Dさん）
いーなぁ
あいつばっかり
「フン、どうせ
嘘言って売ってんだろ」
ニーチェ
「ねじ曲がらずに、まっすぐ生きろ!」

そこで、「力への意志」はねじくれて、今ある情けない自分の姿は本当の姿ではない、どこか別のところに真実があると考えはじめます。

「これは本当の自分じゃないいんだ〜!」という方向にハンドルが切られます。

これが「ルサンチマン（逆恨み）」。

◎なぜニーチェは〝天国〟を毛嫌いしたのか?

ニーチェは、ヨーロッパの歴史を支配したキリスト教は、ルサンチマンによる転倒した解釈をしていると批判しています。

つまり、「今の自分は不幸かもしれないが、神の国では幸せが待っている」とか「現実は嘘の世界で彼岸こそが真の世界」――こんな考えはけしからん、というわけです。


「あいつは金持ちだ、でも人生は金じゃないんだ！」

「イケメンがなんだ！　人は心だ」

「高級車なんかいらない！　車は走ればいいんだ」

さらに、これが危なくなると、「この人生は仮の姿だ！　あの世で幸せになるんだ」と、今生きている人生そのものから逃走してしまうというわけです。


だからニーチェは、キリスト教の唱える「彼岸」「天国」の世界を激しく嫌いました。


「現実を生きろ！」というわけです。

「試験に落ちたのは、先生が悪かったからだ。本当の自分は合格なんだ」

「彼女の選ぶべき本当の人は、あいつじゃない！　このオレだったんだ」

「本当の――」この〝本当〟とはどこにあるのでしょうか。

◎「神は死んだ」――この一言で過去の哲学を粉砕！

ニーチェによれば、〝本当〟というものは、どこかにあるわけではありません。「あれ？　おかしいな、ソクラテスやプラトンや、今までの哲学者は『本当のこと（真理）』があるって言ってたじゃないか」と思うかもしれません。

そうなんです。

ニーチェは今までの哲学と正反対のことを主張した哲学者なのです（もちろん、霊や神の存在は認めません）。

「本当のこと」はどこにもなくて、不満を抱えた自分がいるだけ。そう発言したかった自分がいるだけなのです。

その根本には「勝ちたいんだ！」「認めてほしいんだ！」「価値ある存在でありたいんだ！」という「力への意志」があるだけです。

ニーチェによれば、「力への意志」が自分のいいように解釈して、それが「本当のこと（真理）」と呼ばれていただけだというのです。

となると、プラトンのイデアは「永遠な存在がほしい」という願望（ルサンチマン）が生み出した妄想ってことになります。キリスト教の神も同じです。

さらに、ニーチェによるとマルクスの共産主義（225ページ参照）も「自分が貧しいからみんなを平等にするべき」というルサンチマンから生まれた思想。ベンサムの功利主義（216ページ参照）も「最大多数の最大幸福」という人間を平均化したいというルサンチマンの発想。

ニーチェにかかれば、過去の哲学は、全部アウトなのでした。


ニーチェの決めゼリフ**「神は死んだ」**とはそういうことです。最高の価値は、すべて実は逆恨み（ルサンチマン）から生まれたもの。神はとっくに死んでいた。いや、むしろもともと存在などしていなかったのでした。

彼はきっと、過去の哲学者たち、キリスト教徒、いえ人類すべてに対して、こう言いたかったのでしょう。

「逆恨みするな！　ねじ曲がらずにまっすぐ進め！」と。

このような「真の世界や真理などはない」という思想を、**「ニヒリズム（虚無主義）」**と呼んでいます。

◎「人は何のために生きる？」に対してニーチェの出した答えは？

しかし、そんなことを言ったって、つらい人生、何かを心の支えにしたいものです。死後の世界があったり、神様にはちゃんといてもらったりして、救いを得たいでしょう。

神が存在するならば、この世界には意味があります。何しろ神が意味を与えてくれますから。この神というのは日本の八百万《やおよろず》の神々とは違って、キリスト教の神です。

キリスト教は一神教で、神が天地万物を造り、人間も造り、歴史も神が支配していて、最終的なゴールも決まっていました。歴史の終わりには「神の国」が実現することになっていたのです。これが、人間にとっての究極の目的でした。

日本人にはもともとそんな考えはないので、最初から「何のために生きるのか」をあまり考えません。死んだらそれでおしまい。楽しく生きれば、それでいいって感じでしょう。

日本人は最初からニヒリズムだったのですが、そのことにすら気がついていないし、気づく必要もないようです。坐禅の文化もありますし、今この瞬間を大切にすればそれでいいというわけです。

でも、西洋人はそうはいきません。アリストテレス以来、「すべてのものは目的を持っている」。アリストテレス哲学を取り入れたキリスト教哲学も同じことを説きます。「世界には目的がある！」と。

ところが、ニーチェはそんなものはない、「神は死んだ」と言ってはいけないことを暴露してしまったわけですから、さあ大変。

しかし、「何のために」に対する答えが欠けているニヒリズムにあっては、私たちはただ漫然と生きるしかない。これでは元気が出ません。

だから、ニーチェは、何でも元気の出る解釈をするのが人間なんだから、新しい解釈をすればいいいと思ったのです。そこで、最高の価値である神に代わる**「超人」**の出現を期待しました。

「人間は動物と超人との間に張りわたらされた一本の綱《つな》である」

（『ツァラトゥストラかく語りき』）

「ああ、もっと進歩したいなぁ、でもなかなかできないなぁ」と、「力への意志」を抱えた自己を素直に見つめればよい。決して「本当のオレはこんなんじゃない」とルサンチマンによるねじくれた考えを持たないで、その現実の苦しみをそのまま受け入れ、強い自分を保持するような人間。

心の奥底から湧き上がってくる「力への意志」が現実の社会で邪魔されて、うまくいかないときだって大丈夫。そして、どんな人生にも背を向けずに耐え、状況を恨むこともせず、その運命を愛するような強い人間。

これが「超人」です。**「超人」は神に代わる究極の価値**です。
別に今の自分が「超人」になるのではなく、人類がそういう存在になるように期待しながら、がんばって生きればよいということです。
「超人」の思想は、ニヒリズムを乗り越えて人生の大いなる肯定へ向かいます。

◎「運命愛」を唱えたニーチェの究極の思想

「ある日、あるいはある夜、デーモンがあなたのもっともさびしい孤独の中まで忍び寄ってきて、こう言ったらどうだろう。『おまえは、おまえが現に生き、これまで生きてきたこの人生を、もう一回さらには無限回にわたり、繰り返して生きなければなるまい』」

(『ツァラトゥストラかく語りき』)

これは**「永遠回帰」**という思想を表現したものです。
無限の時間が流れる中で、出来事は出尽くしてしまうという考え方です。極端に考えると、宇宙がビッグバンで生まれて、地球ができて人類の歴史が進み、いつか宇宙が消滅して、また宇宙が生まれ……と繰り返していくと、いつかは全く同じパターンの地球と人類の歴史が繰り返されるというわけです。

そんなバカなという感じですが、もしかしたら本当に私たちは同じ人生を何度も繰り返しているのかもしれません。それも無限回です。

ニーチェはもしそうであったら、**あなたは自分の人生を肯定できるのか**、と問うのです。もし、寸分違わず、今の人生が繰り返されるとして、それでも**「これが人生だったのか！　よしもう一度」**と答えられれば、人生を愛していることになるのです。

ニーチェは、持病の悪化と孤独の中で発狂して、最後の10年は廃人として生活しましたが、こんな悲惨な人生を送った人が、**「運命愛」**を説いているのです。

しかし、キリスト教の場合、人生を神に丸投げできるわけです。神が人間を造り、神が目的を与え、死後の世界が用意され、罪も清められ、過保護と言ってもいいほどです。

そういった究極の価値を捨てて、神に頼らず、すべての苦しみを自分一人の人間の力で解決しようとするのですから、ニーチェ的に生きるのは相当きついことです。
あまりがんばり過ぎるのも、よくないのかもしれません。

フリードリヒ・ニーチェ（1844～1900年）

ドイツの哲学者。1869年、異例の若さでバーゼル大学の教授となる。ワーグナーに心酔。『悲劇の誕生』を著したが学会から無視されて孤立。『人間的な、あまりに人間的な』『悦ばしき知識』『ツァラトゥストラかく語りき』などの著作を次々と著すが、1889年1月、トリノの路上で発狂。1900年に没した。フーコー、デリダ、ドゥルーズなどポスト構造主義者に大きな影響を与えた。

「神は死んだ」

「笑うから、幸せになれる」！ポジティブ哲学の祖・ジェイムズ

19世紀後半のアメリカでは**「プラグマティズム」**（実用主義）と呼ばれる哲学の流れが生まれます。

これをはじめて提唱したのはチャールズ・サンダース・パースという哲学者ですが、パースの考えをさらに発展させたのが、**「ポジティブ哲学の祖」**とも言える**ウィリアム・ジェイムズ**です。

「Aを信ずることの結果が、その人間にとってよい（**有用性**を持つ）というのであれば、Aは真である」

とジェイムズは唱えました。わかりやすく言えば、「人生において実際的に効果を持ったものであるならば、それは他の人がどう思おうと真実だ」と考えました。

パワースポット神社のお守りを持つのも、それがその人にとって「心の支え」になるなら真であるし、美少女フィギュアを山ほどコレクションするのも、その人にとっての「心の癒し」になるなら、真だということです。他の人にはわからなくても、本人には間違いなく「有用性」があるわけですから。

このような観点から、ジェイムズは、**科学と宗教の調和**をめざしたのです。ある宗教を信じることで、その人にとってよい結果が現われるのならば、その宗教は科学的真理と同じく真だと考える、というのです。

◎「泣くから、悲しく感じる」？

私たちの人生は、科学実験のように白黒つけにくいところがあります。人生は一度きりですし、身体は一つですから実験もできません。

だから、「自分にとって正しい」と感じられることを信じるしかないのです。

そのため、ジェイムズは、「いかなるときも希望を持つべきだ」と考えます。たとえば、人生で問題につきあたったときに、「これは悪い状況だ」と判断するのか、「これは乗り越えるべき試練だ」と考えるのかは、その人の判断一つで決まります。

このような考えから彼は、人生ではしばしば、私たちが望む事実を、現実につくり出すこともできるのだと言いました。

たとえば、ある人が断崖絶壁にぶら下がっていて、下の風景がはっきりと見えないのに飛び降りなければならない状況だとします。

ジェイムズによると、このとき、「神が自分を守っているから大丈夫！」とポジティブに信じて飛び降りる場合と、「もうダメ……」と絶望した心を持って飛び降りる場合とでは、結果において差が出るのでは

ないかと考えました。

世界はもともと多元的です。真実が先に与えられているわけではありません。ですから、**すべては気の持ちよう**。出来事をネガティブに考えたときの結果と、ポジティブに考えたときの結果のどちらが有用なのかと考えると、明らかにポジティブな方なのです。


また、私たちは、普通「感情を持った」後に「行動する」と思っています。悲しいことがあったから泣き、楽しいことがあったから笑う、というようにです。

ところが、ジェイムズは、このような従来の考え方を改めなければならないと言います。「泣くから悲しく感じる」とひっくり返して考えよというわけです。「殴ろうとするから怒る」「逃げようとするから恐れる」。

だから、朝、鏡に向かって笑顔をつくると、不思議と喜びの感情が生まれてくるというわけです（必要以上の大げさな笑顔は、傍から見ると異常なので注意が必要です）。

◎「生きがいがある」と、まず信じてみよ！

「人間は何のために生きるのか。生きている意味はあるのか？」と悩んだときは、このようなプラグマティズムで考えてみましょう。

「生は生きるに値するのか？」という質問が出てきたときは、ジェイムズによると何かいやなことがあったときだといいます。

仕事は順調、恋人ともラブラブ、金回りも絶好調……なんてときに、人は「生きる意味があるのか？」なんて考えないわけです。

ですから、「人生の意味」なんてことを変に考え込むのではなく、シンプルに「実際的効果」の立場から考えてみるべきなのです。

「生きがいがある！　素晴らしい！」という信念を持った方が気分がいいのですから、そっちが真実ということになります。「マイナス思考」をプラスに変換するだけで、不思議な力が働くのです。

彼はこう書き残しています。

「かくして諸君に告げる私の結論はこうである。**人生を恐れてはいけない。人生は生きがいがある、と信じよ。**そのとき、この信念がその事実を生み出す一助となるであろう」

ジェイムズの研究は多岐にわたっていて、心霊研究まで進んでいます。『多元的宇宙』においては、解釈は様々ですが世界は一つではないという考えに至っています。

ウィリアム・ジェイムズ（1842〜1910年）
ニューヨーク生まれ。父は宗教哲学者で、弟は作家ヘンリー・ジェイムズ。18歳のとき、画家をめざすが断念した。1861年にハーバード大学に入り、科学、生理学、医学を学んだ。ブラジル探検隊に加わったり、ドイツに留学して実験生理学を研究する。医学部を卒業後、抑鬱状態に陥ったが、意志の自由の信念を得て回復。著作『プラグマティズム』『多元的宇宙』。
「それは真理であるから有用である」ともいえるし、また「それは有用であるから真理である」ともいえる。

時間ってなんだろう？――ベルクソンの「生の哲学」

「生の哲学者」アンリ・ベルクソンといえば、日本ではあまり知られていないようです。しかし、フランスの哲学者なら「デカルトか、ベルクソンか」と言われているほどの巨人です。

明治から大正時代にかけての哲学者・西田幾多郎は、「ベルクソンこそがフランス一流の哲学者だけでなく世界の学者である」と絶賛しています。

では、ベルクソンのどこがすごいのか？　それは、彼が「自然哲学的な世界観」に反対し、物理学的な時間の概念に対立して、**「個人の内面的な自由や精神的な独自性の素晴らしさ」**を唱えたことです。

◎「生きる」とは〝内側から感じる喜び〟だ!!

ちょっと難しいですね。わかりやすく説明してみます。

私たちは、しばしば時間を数直線上で表現したりします。たいてい、左から右に一本線を引いて、「こっちが過去でこっちが未来」というように表現します。時計だと円を分割して時間をはかります。

ところが、ベルクソンは、数直線や時計は時間を表現していると思いきや、実は空間を表現しているというのです。

言われてみれば、数直線上の過去と未来は、紙の上に書かれた空間だし、時計の針もまた、長針と短針が空間を移動しています。つまりこれらは「時間」そのものではなく、「時間を空間で表現しているだけ」なのです。

だから、ベルクソンは、**本当の時間というのは、音楽のメロディのようなものだと**表現します。メロディは、それぞれの音が切れ目なく次の音に続いていきます。メロディは過ぎていった全体を含みながら、次の音とつながって新しい効果を生み出していきます。

私たちは「ド」とか「レ」とかをバラバラに聞いているわけではありません。全体で一つです。だから、一音狂っただけで、音楽全体が台無しになるのです。メロディ全体が変化してしまうからです。

そう考えると、時計で一秒ごとに区切っているのは本当の時間ではありません。

人の生涯もそうです。切れ目なく続いていて、全体が人生です。

ベルクソンによれば、生きるということは、数学的に測定されたり、文節化されたりする以前に、その**内側から感じられ体験されるもの**です。

喜びや悲しみは量ではありません。目盛りでは計れないのが「感情」なのです。

このように「非空間的な意識のあり方」をベルクソンは**「純粋持続」**と呼びました。

〝質的な変化〟を持ちながらメロディのように流れていく意識は「純粋持続」です。

この「純粋持続」こそが時間なのです。

◎脳は〝通信会社〟みたいな仕事をしている？

こういった分析は、記憶についても言えます。ベルクソンは「私は薔薇の香りそのもののうちに幼時の思い出を嗅ぐのであって、香りは私にとっては思い出のすべてである」と言います（ロマンチック！）。

このような分析不可能な精神性が、空間的な脳の中に収まるのは、おかしなことです。私たちは、脳の働きから精神が生まれてくると思っていますが、そうではないのかもしれません。

では、脳は何の役割をしているのか？

ベルクソンによると、脳は「中央電話交換局」の役割をしているのであって、様々な世界の現われ（イマージュ）を選択する機関に過ぎないと言います。なんと、**脳はドコモやａｕやソフトバンクと同じ仕事をしている**というのです。

そうなると、精神は脳とは別のところにあることになるでしょう。

ベルクソンは、１９１３年、ロンドンの心霊研究協会での講演で、以下のように述べています。

「われわれが、有機体を超える意識というこの考え方に慣れてくるにつれて、魂が身体が死んだあとも存在することが自然だと思うようになるでしょう」（宇波　彰訳）

ベルクソンは明らかに霊が存在するのではないか、それは自分の哲学理論と矛盾しないのだと講演していています。

ちなみに、ベルクソンにはミナ・ベルクソンという妹がいました。彼女は、魔法名ヴェスティギア（Vestigia Nulla Retrorsum）を持っていました。「兄さんが哲学者で妹が魔法少女」という設定は、ライトノベルで使えるかもしれません。

アンリ・ベルクソン（1859～1941年）

パリに生まれる。コレージュ・ド・フランスの教授となる。宇宙をつらぬく生命の流れと、キリスト教の愛の精神を融合させた壮大な「生の哲学」を完成させた。1927年にノーベル文学賞を受賞。著作『創造的進化』『道徳と宗教の二源泉』。晩年はリウマチで手足の不自由に苦しみながらも、著作を書きつつ81歳で死去した。

「私は薔薇の香りそのもののうちに幼時の思い出を嗅ぐ」

ハイデガーによる〝哲学革命〟――「死」から目をそむけるな！

マルティン・ハイデガーは、**「存在するとはどういうことか？」**について考えたドイツの哲学者です。

ハイデガーは、根本的な問いを発しました。

「そもそも『ある』って何なんだろう？　『コップがある』『ペンがある』ってどういうこと？」というわけです。

それまでの哲学史では、誰も「『ある』とは何か？」なんて質問はしなかったのですが、ハイデガーはそこをついてきました。

「これは新しい！」

哲学の世界が揺れ、哲学者たちの目からポロポロと鱗《うろこ》がはがれ落ちました。

◎世界は「道具の意味」でつながっている

ハイデガーの「存在」について考える哲学は、本当は「現象学」と呼ばれるジャンルに所属します。でも、なぜか「生き方」的なところがブレイクしてしまって、「実存主義」（キルケゴールやニーチェのグループですね）に分類されてしまいました。

本人は実存主義を唱えたつもりはなかったのですが、その「人生観」的なところが、とても私たちの興味を引きます。

ハイデガーによると、私たちの日常を取り巻いている環境世界にまず現われる物は「道具」です。

そして、道具は意味もなく存在しているわけではなく、「○○のために」というように、互いに指示し合って一つの連関をなしています。金槌は釘を打つために、釘は板をとめるためにあるわけです。これを**「道具連関」**と言います。

ところで、こうした「道具連関」を成り立たせているものは何か。

それは、人間（彼は「現存在」と呼びました）の**「気遣い」**です（「気遣い」もハイデガーの用語です）。

「気遣い」とは……明日は雨が降りそうだ。傘を用意しておこう。なぜ傘を用意するのか。濡れないように。そして、明日も一日この傘をさしながら存在していられますように……というようなこと。

つまり、「明日も無事でありたい」と、自分の存在を気遣っているからこそ、道具の使われる意味があるわけです。これを**「有意味性」**と言います。

今日の夜中に心臓発作で死ぬのならば、明日の傘は不必要です。世界とは、人の「気遣い」から始まってつながっている巨大な**「意味の編み目」**のようなものだと、ハイデガーは考えたのです。


ところが、時に「意味の編み目」がほどけて、わけがわからなくなる瞬間があります。それは**「不安」**と呼ばれるものです。

「怖れ」は対象があるのですが、「不安」は対象がありません。

たとえば、スズメバチが飛んできたら「怖れ」です。スズメバチに刺されたら痛いとか腫れるとか、意味がつながっているからです。

でも、単に椅子に座ってボーッとしていても「不安」は出てきます。それは、「何かが不安」「何となく不安」ということであって、対象がないから「不安」なのです。

このことをハイデガーは**「不安は無をあらわにする」**と言っています。

◎どうして私たちは不安になるのか?

ハイデガーは、私たちの日常のあり方は、「堕落していて、本来目を向けるべき大切なことに向き合っていない」と主張しています。

たとえば、世の中の多くの人の関心は、好奇心によって次々と新しい対象へ向かい、「存在」について、じっくり考えたりはしません（念押ししますが、ハイデガーは「存在するとはどういうことか?」を考えた哲学者です）。

そして、雑誌、テレビ、ネットなどの情報の中で、「意味の編み目」をつなげていきます。自分の世界とは「意味の編み目」でしたから、自分とは関係のない曖昧さの中で漂っているというわけです。

「誰か他人の語ったコメントを繰り返してるだけ」というわけで、ハイデガーはこれを**「空談」「無駄話」「おしゃべり」**と手厳しく表現しています。

ハイデガーは大衆社会の日常のぬるま湯に浸かり、自分自身の固有性を忘れてしまった人々を**ダス・マン（一般的な人）**と呼びました。


「ある芸能人が不倫した」なんてことは、本来、自分とは関係のないことです。本当にどうでもいいことでしょう。なのに、それに興味を持つということは、何か「自分の方に目を向けたくない理由」があるのです。

何かをごまかすために、好奇心を持って「おしゃべり」をしていれば、「みんながこう言っている」「みんながこうしている」という曖昧な世界に入ることができます。

では、なぜそういう世界を人は好むのでしょうか。

それは、自分の存在に目を向けると、まずいことがわかってしまうからだと考えられます。

そのまずいこととは、ズバリ！**「自分が死ぬ存在だ」**ということです。

◎「死」から目を背けて生きていないか？

私たちは「死」を知っているようで、実は知りません。というのは、他人の死は知っていても自分がそれを経験していないからです。

ダス・マンは、たとえば、新聞に「テロで20名死亡」などの記事を目にすると「テロで20名死亡だそうだ」とおしゃべりします。

けれど、それは自分の死ではありません。あくまで外側から見ているわけです。

ハイデガーは、自分の「死」について、次のことを示しました。

①自分の死は誰とも交換できない**（交換不可能性）**
②孤独となる**（没交渉性）**
③必ず死ぬ**（確実性）**
④いつ死ぬかわからない**（無規定性）**
⑤最後に来る**（追い越し不可能性）**

①自分の死だけは、誰かに代わってもらうわけにもいきません。自分で引き受けるしかありません。これだけでも、普段からあまり考えないようにしていることではないでしょうか（だから、「〇〇死亡」の新聞記事などで、自分の死から視線をそらしているのかもしれません）。

②また、死ぬとは、「誰とも会えなくなる」ことです。

③さらに、「死ぬこともあれば、死なないこともある」なんて不確実なことではなく、「人は絶対に死ぬ」という確実性があります。

④加えて、いつ死ぬか、日時が決まっていません。もしかしたら、1秒後に死ぬこ

ともありえるのです。つまり、この瞬間も死と背中合わせなわけです。

⑤死は人生の最後に訪れます。死を先に済ませてから、結婚式をするなんてことはありえません。必ず、エンディングです。順番を入れ替えられないのです。

「そんなこと誰だって知っている！」と言われそうですが、誰でもわかっていること、あるいは漠然とわかっていることをはっきり確認するのが現象学です。

私たちは、いったん存在してしまったら、死を引き受けるしかありません。

「どうせ死ぬのなら、生まれてこなきゃよかったのに」と思うかもしれません。

でも、何で自分がここに存在しているのかもわからないのです。世界に突然に投げ出されているのです。

ハイデガーによると、この**「死へ向かう存在」である自分**を覆い隠すために、人は日常性に埋没することで、ごまかして生きているのだと言います。

◎「死」を思うことで、「生」が輝く！

ハイデガーは、たじろぐことなく、覆い隠すことなく、自分が「死への存在」であることを直視するべきだと説きます。

死を引き受ける覚悟をすること（死への先駆的覚悟性）で、私たちは「ダス・マン」から抜け出して、本来の自分（実存）に立ち戻れるというのです。

このようなハイデガーの哲学をまとめた著書が『存在と時間』ですが、この表題にこそ、「存在するとはどういうことか？」という問いへの「答え」が示されていたのです。つまり、**「存在」とは「時間」そのものである**ということです。

ベルクソンの説いた時間（195ページ参照）のように、「人生はメロディのようなもの」です。ですから、過去も今も未来も、一つで切り離すことができません。

その「時間」のエンディングである死を自覚してこそ、人は時間全体を満喫できるということです。

いつか必ず訪れる「死」について考えると、一瞬一瞬が輝いてきますから、かえって元気が出てきます。

もし「死」がなくなって、無限の命が得られたとしたら……今日というこの日がかけがえのない一日だとは、とても思えなくなってしまうでしょう。

マルティン・ハイデガー（1889〜1976年）

ドイツの哲学者。フライブルク大学教授。フッサールの現象学を発展させ、存在論を展開。1927年、著作『存在と時間』第一部を発表。1933年からほぼ一年間、ナチス政権下でフライブルク大学総長に就任。戦後はナチス支持者としての汚名を着せられるが、かつての教え子であり恋人ハンナ・アーレントによって著作を海外で出版し、哲学者としての評価を再び得られるようになった。実存主義に多大な影響を与えたが、本人は自分の哲学が実存主義であることを否定している。

「死に対する不安は、体験していないことに『直面する』ときの不安にほかならない」

サルトルが発見した「人間の限りない自由」って？

無神論的実存主義の哲学者**ジャン＝ポール・サルトル**は、ハイデガーの「存在論」に大きな影響を受けて、さらに独自の哲学を発展させました。

サルトルは大著『存在と無』を著しています。この表題の意味は、「物と意識」ということです。

石ころなどの事物は、ただそれ自体においてあるだけなので、何も感じていないし考えてもいません（あたりまえですが）。ただ〝ある〟だけです。

サルトルは、このように単に存在するだけというあり方を**「即自存在」**といいます。

それに対して人間は、**「対自存在」**と呼ばれます。人間は、「意識」とともにある存在ということです。

人間は石ころのように気楽にただ存在しているわけにはいきません。私たち「対自存在」は、自分の意志で自らの進む進路、仕事、結婚相手……などなどを選択し続けなければなりません。

石ころみたいにボーッとしていたくとも、人間は、意識を持っているがゆえに、常に主体性を持って選択し、新たな方向へ向かわなければならない宿命を背負っています。

これは言い換えれば「自由」ということですが、「自由」だからこそ、こうした「責任」が自分にはねかえってきます。

サルトルはこれを**「人間は自由の刑に処せられている」**と表現しました。

人間は世界に投げ出されて、常に何かしなければならない。ずっと布団で惰眠をむさぼっていたいのですが、そうもいかない、というわけです。

◎私たちは〝目がくらむほどの自由〟を手にしている！

私たち人間は、ふと気づくと世界に投げ出され、何者であるかもわかりません。

サルトルは、**人間が何者でもないからこそ、かえって自由である**と主張しました。

それも、目がくらむほどの限りない自由です。何者でもないからこそ、人間は今ある現在の姿に固定されないのです。

未来を自由に選択して生きていけるのです。


逆に、ナイフのような物（即自存在）は、まずその本質（物を切るための道具）を与えられてから実存（存在）します。

けれども、人間はまるで投げ出されるように、突如としてこの世に生まれ落ちるがゆえに、その本質は決まっていません。生まれたばかりの人間の赤ちゃんは、これから学者になるか、サラリーマンになるか、はたまたサーカスの大道芸人になるか、その本質がどうなるかは未知数です。だから、世界にまず実存してから、自分自身の本質をつくっていきます。

このことをサルトルは、**「実存は本質に先立つ」**と言いました。

人間は、このように目がくらむほど自由なわけですが、「自分のあり方」を自分の責任において選ぶと同時に、他者、そして全人類に対しても「きちんと責任を持ってよね」とサルトルは唱えました。

いくら「何をしても自由！」といっても、「自分だけの世界に引きこもってちゃダメ！」ということでしょう。

これをサルトルは**「アンガージュマン（社会参加）」**と言いました。

たとえば結婚をするとき、「○○ちゃん、ＬＯＶＥ！」という好みの問題だけではなく、「一夫一婦制を支持するという、政治的な態度表明にもとづく社会参加なのだ！」という意識を持てというわけです。

小難しくて、これを読んだだけで結婚する気が失せそうですね。

ちなみにサルトルは生涯のパートナー、ボーヴォワールと契約結婚をしていました。

賃貸マンションの契約のように、二年更新だったそうです。これは、自由の哲学を実践していたのです。また、人間は自由なので、浮気もOKでした（！）。

ジャン＝ポール・サルトル（1905〜1980年）

フランスの哲学者。無神論的実存主義の代表的思想家。フランスではじめて現象学を方法とする哲学を確立。『存在と無』をはじめとする哲学書の他に、『嘔吐』（小説）や『聖ジュネ』（評伝）などを著す。想像力の研究をするために医師から麻薬注射をしてもらったところ、カニやタコが這い回るなどの幻覚に襲われたという。同じく哲学者のシモーヌ・ド・ボーヴォワールと、生涯を通して「事実婚」の関係にあったことでも知られる。

「人間の運命は人間の手中にある」

5章

現代哲学2

——「社会の中で生きる」意味って？

〝みんなの幸せ〟をめざしたベンサムの「功利主義」

資本主義社会において、ものすごく影響を与えている考え方があります。私たちはそれに気づいていませんが、それもそのはず、もう生活の中に同化してしまっているからです。

それが**「功利主義」**です。

功利主義を体系的につくり上げたのは、イギリスの**ジェレミー・ベンサム**です。

彼は身体が弱かったので、家庭内で読書に熱中する少年でした。4歳でラテン語、7歳でフランス語を学び、12歳でオックスフォード大学に入学するほど頭脳明晰だったのです。

18歳で弁護士の資格を得たあと、28歳のときに功利主義の思想を唱えました。

◎「快楽」が善で「禁欲」は悪!?

ベンサムによると、自然は人類を**「苦（pain）」**と**「快（pleasure）」**という二つの君主の支配下においています。快苦こそ人間の一切の言動と思考を支配します。人間が何をなすべきかを指示し、また人間が何をなすかを決定するのは、この二つの基準だけです。

さらにベンサムは、**快を増す行為が善**であり、**苦を増す行為が悪**であるという**「功利の原理」**を打ち立てました。

「快楽を増す行為が善で、苦痛を増す行為が悪」という考え方以外に何があるんだ？なんて言ってるあなたは要注意。私たちがこれをあたりまえと思うのは、実は自分で考えたのではなくて、知らないうちにベンサムに影響されていたのです。

何しろ、昔から「快楽」を抑えることが道徳的に善であるのが世界の常識。快楽におぼれる人間は悪いヤツだったのです。禁欲は善で、快楽にうつつを抜かすのは悪なのです（今でも、そう考える人はたくさんいます）。

ところが、ベンサムは禁欲を貫徹するのは不可能であるし、禁欲そのものが善であるわけでもないのだから、禁欲主義なんてポイ。同性愛もＯＫ。

哲学なのに全然、哲学っぽくないところがベンサムの売りです。

これは実に科学的なとらえ方で、行為の善悪は、行為から生じる結果がどれだけ多くの快を含んでいるかによって決定されるのです。

さらにベンサムは、そこで、ある行為の結果が、どれだけの量の快または苦を生むかを知り、その大小を比較する方法を考えました。それが**「快楽（幸福）計算」**です。

快楽を計算してしまうなんて、誰も考えなかったこと。

そして、これが現代の資本主義に信じられないような影響を与え、今の社会があるのです。

◎ケーキを食べるときの「快楽計算」とは？

たとえば、おいしそうなケーキを前にして、人はどんなことを考えるでしょうか。

資本主義社会の土台！　ベンサムの「功利の原理」

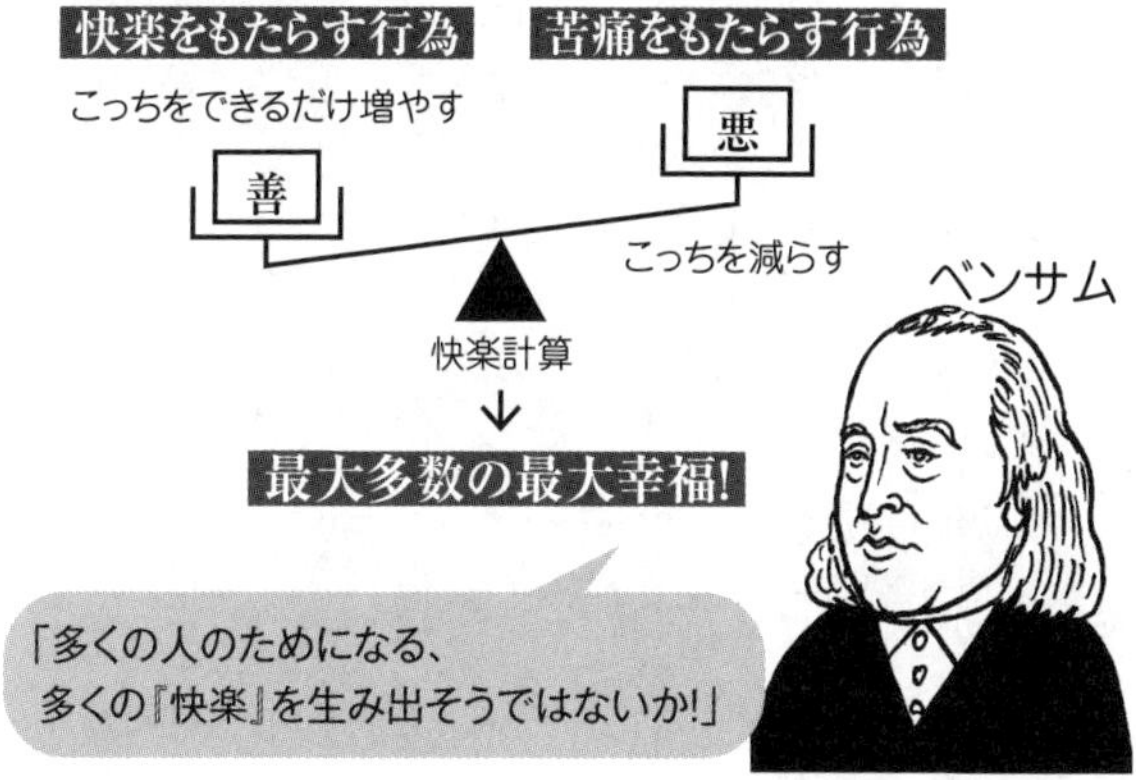
快楽をもたらす行為
苦痛をもたらす行為
こっちをできるだけ増やす
善
悪
こっちを減らす
快楽計算
最大多数の最大幸福！
ベンサム
「多くの人のためになる、
多くの『快楽』を生み出そうではないか！」

まず、そのケーキがどれだけおいしいのか（**快楽の強度**）、どのくらいおいしさが持つのか（**快楽の持続性**）、本当においしいのだろうか（**快楽の確実性**）。

すぐに得られるのか、「今からつくりまーす」なんて言われないか（**快楽の近接度**）。

その他にも、ケーキを食べたら他にいいことがあるのか——たとえば、カードにスタンプが一つ押してもらえるのか（**快楽の多産性**）。

おいしさに何か苦痛が混ざっていないか、カロリーが高すぎて太るなどの不快さにつながらないか（**快楽の純粋性**）、他の人にも快楽が与えられるか、余ったら誰かにあげられるか（**快楽の及ぶ範囲**）。

ベンサムはこのように、①強度、②持続性、③確実性、④近接度、⑤多産性、⑥純粋性、⑦範囲という7つの基準をもうけて、これらの計算によって、快と苦の総量が決定すると考えたのです。

この快楽計算は、個々人の行動だけでなく、社会におけるすべての政策についても適用できます。社会全体の幸福は、この**「功利の原理」**を立法・行政の原理にまで拡大することで実現されていくのです。

ベンサムは18世紀イギリスの自然哲学者、政治哲学者ジョゼフ・プリーストリーの文章を読んだとき、まるでアルキメデスが原理を発見したときのように「ユリイカ（我、発見せり！）」と叫んだといいます。

プリーストリーが書いた「いかなる国家であれ、その構成員の多数者の利益と幸福が、国家に関わるすべての事項が決定される際の基準となる」という内容が、ベンサムにインスピレーションを与えたのでした。

社会は多数の個人によって構成されており、個々人の幸福の総和が最大になるときに社会全体の幸福が実現するということの考え方は、ベンサムによって、**「最大多数の最大幸福」**と表現されました。

王様や貴族など一部の人間だけが幸せになる「少数者の最大幸福」ではなく、できるだけ多くの人が幸せになるように願うのが「最大多数の最大幸福」です。

ジェレミー・ベンサム（1748～1832年）

イギリスのロンドンに生まれる。イギリスの民主主義的な政治の改革と法律の研究を行ない、功利主義を提唱した。著作『道徳および立法の諸原理序説』。遺言で、自分の遺体を保存して展示するように指示。現在でもユニヴァーシティ・カレッジ・ロンドンに、帽子とステッキを持って座った姿でミイラとして保存されている。

「最大多数の最大幸福」

快楽にも〝質の違い〟がある——J・S・ミルの「質的功利主義」

ベンサムの功利主義を引き継ぎ、発展させたのは、**ジョン・スチュアート・ミル**です。なぜ単なる「ミル」ではなく、彼だけたいていの場合J・S・ミルと表記されているのかというと、父親ジェームズ・ミル（歴史家、哲学者、経済学者）も有名だからです。

父親のジェームズ・ミルは、ベンサムとも交流があり、息子のミルはベンサムに勉強を教えてもらっていたそうです。ミルは8歳になるまでに、プラトンの数々の著作を読み終えていたといいます。

ミルは、ベンサムの功利主義の原理である「最大多数の最大幸福」を引き継ぎました。けれども、ミルはベンサムの功利主義に足りない部分を感じたのです。それは、快楽の質的な違いでした。

ベンサムの「快楽計算」では、何かを行なうときの動機が計算外ですから、どんな気持ちで行動したかは評価されません。このような考え方を**「帰結主義《きけつ》」**といいます。動機は計算に入れてもらえないのです。

ミルは、ベンサムの功利主義に対して、ある行為から具体的な結果が得られなくとも、その行為をしたことで内面的な充実感があるのではないかと考えました。

また、ミルは、快楽にも高級なものと下劣なものがあるとします。

たとえば、水虫がかゆいときにそれをガリガリ掻《か》いて「これはいいい」と言うのと、高級なオペラを観て「これはいいい」と言う

のとでは、たとえ同じ快でも、質が違い過ぎます。

こういったことから、ミルは、**「満足した豚であるよりも、不満足な人間である方がよく、満足した愚者であるよりも、不満足なソクラテスである方がよい」**と表現したのです。

ジョン・スチュアート・ミル（1806〜1873年）

イギリスのロンドンに生まれた。父親の哲学者ジェームズ・ミルから英才教育を受け、ベンサムの功利主義を学んで、これを発展させた。民主主義的な議会の改革や参政権の拡大、労働者や女性の地位向上についての運動に努めた。著作『功利主義論』『自由論』。

「自分自身の幸福ではない何か他の目的に精神を集中する者のみが幸福なのだ」

何のために働くんだろう？──マルクスの『資本論』

さて、18世紀にイギリスで産業革命が起こり、19世紀にはこれがヨーロッパへと波及していきました。それまでの細々とした手工業的な作業場に代わり、機械が導入された大工場が成立し、社会の構造が大きく変わりました。また、これによって近代資本主義経済が成立、「資本家」と「労働者」の貧富の差が大きく開きはじめました。

19世紀の後半になると、さらに両者の格差は開いていきます。

そこで、ドイツの哲学者・経済学者の**カール・マルクス**は、「資本主義社会を分析すれば解決策が見つかるはず！」と思いました。

マルクスは、動物とは異なる **〝人間らしさ〟とは、「労働すること」に他ならない**

と考えました。自分に与えられた能力を発揮して生み出したものが、他の誰かの役に立つと感じられることこそ、最も人間らしい喜びであると。

しかし彼によると、資本主義社会においては生産物は商品となり、**労働力さえも商品化**されます。労働者は、自分の労働を切り売りして生活しています。

ズラッと並んだ大量の靴の一つを取り上げて、「この靴のかかとのところは、オレがつくったんだぜ」と自慢してもむなしい感じがする……というわけです。資本主義社会では〝働く私〟というアイデンティティが消去され、ひたすら匿名《とくめい》性の高いものをつくるだけのむなしい労働となります。

機械生産の流れ作業の中で、自分のオリジナリティなどなくなって、単にお金のために働くという、なんだかやるせない気分です（極端すぎる考えのようにも感じられますが、これは当時の劣悪な労働条件にもとづいていますから、今とはかなり違います）。

さらにその労働者の生産物は、一部の資本家に属するため、生産物が労働者から離れていってよそよそしい存在となります。

マルクスは、このような現象が生じるのは、**「分業」**という社会関係が原因であると考えました。「分業」によって労働は個性を失って抽象的になり、人間関係もまた薄れていくというのです。

そうなると、労働者は労働から疎外されます（労働疎外）。疎外とは「よそよそしいものになる」というような意味です。仕事をしていても、自分が自分でない気になる。「このままじゃいけない！」となります。

労働とは本来、はじめに書いたように、人間独自の自己実現につながるものだったのですが、資本主義社会では、自分がまるで機械の一部になってしまったわけです。

◎マルクスが考えた「歴史の公式」って？

マルクスのすごかったところは、資本主義を分析しただけでなく、その分析にもとづいた**「歴史の公式」**をはっきり示したところです。

歴史にはドラマのようなストーリー展開があって、それに従って進み、ちゃんとエンディングが決まっているというのです。

もともと、これはヘーゲルの発想で、彼は、「歴史の法則性」を弁証法で説明しました（156ページ参照）。マルクスは、これを「唯物論」へとシフトして、より具体的な歴史法則を示したのです。

唯物論とは、物質から独立した霊魂・精神・意識を認めず、「この世界は全部物質でできている」という考え方です（だから社会主義の国では、宗教が弾圧されちゃうんですね）。

マルクスによると、**歴史の原動力となっているのは、物質的な「生産力」**だといいます。そして世の中には、まず、生活に必要な物資を社会的に生産する「下部構造」（土台）があります。この上に法律制度や政治制度（イデオロギー）が「上部構造」にあります。

そして、生産力は常に変化・発展するものであるのに、生産関係（資本家と労働者）は固定的で変化し難いものです。

たとえば、部屋に5人いて、宅配ピザを1枚頼んだとします。ピザを八等分に切り

分け、早い者勝ちでこの１枚のピザを奪い合ったとして、ある人はピザを３切れ食べられ、ある人は１切れ食べられたとします。
この貧富の差は、まだたいしたことはありません。「そんなピザの１切れや２切れくらい……」と言える程度です。
ところが、もしピザを10箱頼んで、同じように早い者勝ちで勝負した結果、ある人はピザ３箱、ある人は１箱、ある人はピザ一切れどころか、サラミ１枚しか食べられなかったとしたら、この貧富の差は大きい!!　サラミしか食べられなかった人は不満がつのるはず。
このピザ争奪戦のように、資本主義社会

では、生産物が増えると、豊かさが均等に行き渡るのではなく、「激しい勝ち組」と「負け組」に分かれる仕組みになっているのです。

だから、「この不公平な仕組みをぶっ壊す！」とマルクスは考えました。上下関係が固定している**資本主義体制は、革命によって必然的に社会主義へと移行するのが歴史の必然**だとぶちあげたのです。

マルクスの「歴史の公式」によると、社会の発展段階は、原始共産制→古代奴隷制→封建制→資本主義制→社会主義制の五段階をたどるそうです。

資本主義の後に社会主義（共産主義社会の第一段階）に移るのは、歴史の必然的な流れで、そうなってこそ、労働者は搾取されることもなく、働きに応じて報酬を受け取るという理想の状態が出現するというのです。

このマルクスの思想が実現したのが、1922年に成立したソ連でしたが、ご存じのとおり、この国は1991年に崩壊してしまいました。

マルクスの考えに反して、資本主義が発達していたイギリスやフランス、ドイツではなく、未成熟だったロシアや中国で革命が起きたことには、マルクスも生きていたら「そんなはずでは……」とビックリだったはずです。

カール・マルクス（１８１８～１８８３年）

ドイツの共産主義的思想家。ボン大学、ついでベルリン大学に法学を学び、ヘーゲル哲学に感銘を受ける。後、『ライン新聞』の主筆となるが、政府の弾圧で発禁処分になる。パリ、ブリュッセルと移り、ロンドンに亡命。48年『共産党宣言』、67年『資本論』第一巻を刊行。死後はエンゲルスが『資本論』の完成に努力。科学的社会主義を確立し、資本主義の高度な発展の末には必然的に共産主義社会が到来すると説いた。マルクスはタバコ好きで、「『資本論』はこれを書くために使ったタバコ代にもならないだろうね」と言ったという。

「人間の意識が人間の存在を決定するのではなく、反対に人間の社会的存在が人間の意識を決定するのである」

6章

現代思想

——哲学の〝アミューズメントパーク〟へようこそ！

哲学は「ブログ」で現代思想は「ツイッター」？

現代思想に入ると、哲学者たちが言っていることは、急に難しくなります。もちろん、それ以前の哲学も難しいには違いありません。ただ、難しさの方向性が違うのです。

たとえるなら、サッカーで「守りや攻撃のテクニック」だとか「体力を維持するための方法」だとかを考えるのが近代までの哲学だとすると、現代では、「そもそも、サッカーって何？」とか「ボールなんか蹴っても意味ないじゃん」みたいな（ちょっと正確ではありませんが）、そこまでやってしまうのです。

特にニーチェがニヒリズム（183ページ参照）を唱えてしまった後は、今までの哲学が破壊されていくという方向をとります。

ソクラテスからヘーゲルまでによって完成した〝哲学の国立競技場〟が、ニーチェの落とした爆弾で全部なくなって、もうサッカーもできないような状態です。だから、全く新しいアミューズメント（哲学のあり方）が必要になってきます。

現代思想になると、「これ〝哲学〟って言っていいのかな？」というような、分類できない人たちがたくさん出てきます。ハイデガーやサルトルまでは、間違いなく「哲学」だったのですが、それ以降になると「これって哲学なの？」といった「思想」が乱立します。フーコー、ソシュール、レヴィ＝ストロースなどは「哲学」と言ってもいいんですが、どっちかというと「思想」の方がしっくりきます。

◎「哲学」と「思想」はどこが違うのか？

では、「哲学」と「思想」はどこが違うのか？

かなり大雑把なたとえをするなら、家電専門店が「思想」だとすると、その中のパソコンフロアが「哲学」という感じでしょうか。「思想」の方が範囲が広いことは間違いありません。

構造的な面から言えば、「哲学」はタワーマンションのようになっています。土台があってその上に論理が積み重なって、全体が統一的な主張をしていますし、メンテナンス（対処法）があります。

一方、「思想」は、アミューズメントパークのようなものでしょうか。いろいろなアトラクションがあるのですが、一つのアトラクションが消えても別に全体が影響を受けないものが多いようです。

文章が『論語』みたいにバラバラになっていたら、まず「思想」です。それらが、一定の連携を持っていると「哲学」になります。

別のたとえをすれば、「哲学」はネットでいうホームページのサイトです。全体のコンテンツがまとまっています。「思想」はブログやツイッターのようなものです。まとめると、数学や物理学のように一つの体系でまとめられていたら「哲学」、新しい発想で、誰も目をつけなかったようなことを網羅していたら「思想」という感じでしょうか。

ちなみに「○○主義」と言うときは、「哲学」である場合が多いですね。「功利主義」「マルクス主義」「実存主義」「構造主義」みたいに、ある程度は体系と方法が決まっていて、「これが言いたい！」という主張が明快な場合です。

現代思想は、体系的なものとそうでないものが、ごちゃ混ぜになっています。特に「反哲学」といって、近代までの哲学を徹底的に破壊していく流れで、〃ダメ出し〃の哲学が多いことも、わかりにくさの原因になっています。

そんなわけですから、以下、様々な方向の思想が出てきますが、「これは新しい！」「誰も言っていない！」という角度から見ていきましょう。

「これを私の人生にどう役立てようか？」なんて「生き方」的な角度から見ると、ひどい目にあいますので注意が必要です。

ソシュール――私たちは〝言葉の奴隷〟だった!?

言語学者フェルディナン・ド・ソシュールの話です。なぜ、ここで言語学が出てくるのかというと、20世紀に入ると哲学は「言語の領域」に関わってくるからです。

ソシュールは、フランス貴族の末裔《まつえい》として、スイスのジュネーヴの旧家に生まれました。

早くから言語学の世界で天下をとったのですが、晩年にジュネーヴ大学で大きな講義を三回にわたって行ないました。ビデオのある時代ではありませんでしたが、熱心な聴講生たちが自分のノートを持ち寄って、ソシュールの死後にその講義を書物として復刻しました。

これが今に残る『一般言語学講義』です。これが、私たちの〝言語についての常識〟を覆すような衝撃的なものだったのです。

◎なぜフランス人は「蝶」と「蛾」を区別できないのか？

一般に私たちは、目の前にまず物体がありのままに存在し、それに「言葉のラベル」を貼ると考えています。山があるから「山」というラベル、道があるから「道」というラベルをくっつける、というように。

ところが、ソシュールはそう考えませんでした。

右があれば左、上があれば下のように、**ある語の意味は、他の語の意味との「差異」によって決まる**と考えました。

これを次のようなたとえで考えてみましょう。

たまに、コンビニに設置してあるゴミ箱で困ることがあります。ドリンク剤を飲んで空ビンを捨てようとすると、「燃えるゴミ」「カン・ペットボトル」「新聞・雑誌」としか書いていないのです。

ビンは「新聞・雑誌」からはほど遠いので、仕方なく「カン・ペットボトル」の方に捨てるしかありません（いけないんですかね?）。

言葉も実は、このように世界を振り分けているのです。たとえば、目の前にゴールデン・レトリーバー、シェパード、ダックスフント、チワワなどなど、様々な犬がいたとします。

私たちは、例によって、それらの種類の違いは最初から外部に実在しており、それぞれに後から名前のラベルを貼り付けたのだと思います。言葉とは関係なく、いろいろな種類の犬が実在しているのだと。

でも、ソシュールはそうではないのだと言います。

自分が犬という言葉だけしか知らなかったら、シェパードもチワワもすべて「犬」という括弧にくくられておしまい。いろいろな種類の犬は消え失せてしまうというのです。

より具体的な例をあげるなら、日本人は「蝶」と「蛾」を区別しますが、フランス人は両者を「パピヨン」と表現します。となると、日本人の「蛾」に対しての「蝶」という感覚を、フランス人は持たないことになります。

また、日本人にとっての雪は淡雪、ぼた雪、細雪などですが、エスキモーは雪を多数の種類に分けて認識しています。このように、**言葉の違いによって生きている世界が全く違ってくる**のです。

◎“言葉というフィルター”越しにしか世界を考えられない？

ソシュールによれば、「言葉が他の何かを示す記号である」という考え方を捨てなければなりません。

つまり、人間は「感覚」によってではなく、「言葉」によって対象を分類・認識していて、言葉の違いによって全く異なった世界が出現するというのです。

こう考えると、近代までの哲学が唱えていたような「そのもの（実体・本質）」を思考することは無理だとわかります。

というのは、私たちは言葉の指し示すもの（シニフィアン）と指し示されるものの

（シニフィエ）というフィルターを通してしか、世界について考えることができないからです。

フェルディナン・ド・ソシュール（1857〜1913年）

スイスの言語学者。19歳でライプツィヒ大学に留学。1880から91年までパリに住み、故郷へ帰ってジュネーヴ大学に着任して研究をかさねる。死後、弟子たちがソシュールの授業を受けていた学生たちのノートを『一般言語学講義』としてまとめた。これは、構造言語学の聖典として脚光をあびた。ソシュールの言語研究はきわまり、火星のエイリアンが乗り移った女性霊媒師の言語、つまり火星語まで研究したという。

「あらかじめ確立された観念は存在せず、言語の出現以前には何一つ判明なものはない」

ウィトゲンシュタインによって過去の哲学は〝抹殺〟された!?

さて、ソシュールの言語学を源泉として、20世紀半ばに大きな思想の流れとなった哲学体系に**「構造主義」**があります。「構造主義」というのは、わかりやすく言うと、**「ものごとの関係はどうなってんの?」**ということを研究する方法です。ソシュールは言語に内在する「構造」をつかんで、各要素の連関を明らかにしたのでした。

このように、現代の哲学では、「正しいことをどうやって認識するか」という近代までのテーマから、**「正しく考えるには、まず使っている言語の正しさを調べなきゃダメだよね～」**という方向にシフトしました。

考えてみれば、マイナスねじにプラスドライバーを使ってもうまく回りません。哲学は言葉でできている学問です。その言葉の使い方が間違っていたら、すべて台無しです。

そこで**ルートヴィヒ・ウィトゲンシュタイン**の登場です。この人はすごい人で、「オレは、過去すべての哲学的問題を解決したぜ！」と言い放ちました。

彼は何も、過去の哲学（この本の最初の方からの哲学）を一つひとつさらっていって、解き明かしていったわけではありません。過去の哲学も言語でできているわけですから、言語の正しい使い道がわかれば、逆に言語の使い方が間違っている哲学の問題が根こそぎわかると考えたというわけです。

わかりやすく言えば、「今日の会合は何を着ていこうかしら？」という悩みがあったとしても、「ああ、制服以外ダメだから」の一言でその他の服は全部アウト。そんな感じです。

「その哲学、言葉の使い方が間違ってるから」の一言で、過去の哲学全部にアウト判定を下した、という感じです。

◎「語りえぬものについては沈黙しなければならない」

ウィトゲンシュタインの著した『論理哲学論考』では、**世界と言語は鏡のように対応している**とされます**（写像理論）**。

となると、言語の構造を明らかにすれば、世界の構造がわかりますが、その一方、**言語に表現されるものの限界が世界の限界**となるわけです。

よって、「語れないこと」は哲学の世界から排除されます。

具体的には「人生に意味があるのか？」などの疑問は、なかなか答えが出なかったわけですが、ウィトゲンシュタインの哲学を使えば一発解決。

「人生に意味があるのか？」「死後の魂はどうなるのか？」といった疑問は、事実と照らし合わせて考えることのできない、本来言語にすることのできないものですから、意味をなしていないというわけです。

「そんなの元も子もない」という哲学。**過去の哲学を抹殺する哲学**とも言えましょう。

この考え方によると、今までの哲学は、語れないことをムリして語っていたことになります。もし、ある命題が指し示す対象が存在しなければ、そのことについて語ることは無意味ですから、「死後の世界」「神の存在」などなど近代までの哲学が真剣に取り組んできたあらゆる哲学のテーマは、**言語の限界を突破しようとしていたから失敗した**というわけです。

ウィトゲンシュタインは、「生の解決を人が認めるのは、この問題が消え去ることによってである」と言います。

彼の**「語りえぬものについては沈黙しなければならない」**という言葉は有名です。

◎言葉は本当に〝世界の鏡〟か？

「これで、哲学の問題はオレがすべて解決した！」ということで、彼は哲学をやめて小学校の先生になりました。ところがある日、考えが変わって自分の著した『論理哲学論考』に決定的な誤りがあったと自ら表明したのでした。

こういう潔い哲学者はめずらしいでしょう。

彼は、世界と言葉が対応しているという「写像理論」を自ら否定したのでした。日常生活に組み込まれている言葉の意味は、それが使われる文脈の中で機能するということに、気づいてしまったのです。

たとえば、「雨！」と言われたとします。その一言は、言われたシチュエーションによっては、「洗濯物を取り込まなきゃ」だったり、「傘持ってる？」だったり、「今日は出かけるのやめよう」だったりと、無限の広がりがあります。こういうことに気づくと、言葉が世界の鏡だとは、とても言えなくなります。

言葉は、それが使われる文脈の中で意味が決定するのです。お父さんが「あれ」と

言ったら、お母さんがお茶を出すような感じです。

ウィトゲンシュタインは、このような私たちの日常言語の緻密《ちみつ》な考察をし、言語の具体的な多様性を**「言語ゲーム」**という概念で提示したのです。

ソシュールやウィトゲンシュタインによって、**哲学の中心問題は「認識」から「言語」へと転回**しました。これは**「言語論的転回」**と呼ばれています。

これらは**「分析哲学」**という分野に発展して、「言語分析こそが哲学の仕事である」とまで考えられています。「分析哲学」以外の哲学は、〝遺跡〟のようなものなのです。

「じゃあ、なんで本屋さんの哲学コーナーに、プラトンとかデカルトとかヘーゲルとかの著作や研究書が並んでいるの？」と感じますけど、そのあたりは業界的に複雑な理由がありそうです。

「やっぱり、古い人が言ってることの方が正しかった！」ということもありますし、歴史的に意味があるとする立場もあります。

ルートヴィヒ・ウィトゲンシュタイン（１８８９〜１９５１年）

オーストリアの哲学者。ウィーンに生まれる。１９１１年ケンブリッジ大学のバートランド・ラッセルのもとで数理論理学を学ぶ。『論理哲学論考』を執筆。１９２２年にラッセルの序文をつけ、英訳とともに出版。いったん哲学から身を引いたが、再び復帰。構文論に取り組んで文法を考察。日常言語の研究に入った。生前唯一の哲学書は『論理哲学論考』。

「語りえぬものについては沈黙しなければならない」

レヴィ＝ストロース――〝未開民族のタブー〟に挑戦！

話は、文化人類学者の**クロード・レヴィ＝ストロース**に飛びます。

「なんで哲学の本に文化人類学者が出てくるの!?」と思うかもしれません。

彼は、**人類学に「構造言語学」の方法論を導入**したことで有名です。社会で起こること、文化的な意味づけも、使われている言語の構造と並行的な性質を持っている――とする立場ですね。


彼は原住民の生活に参加して親族や神話などの研究をしました。未開民族には様々なタブーがあります。西欧文明社会から見ると、どうでもいいようなことにこだわっていると思えることもあります。

この問題を前にして、レヴィ＝ストロースは、ロシア人の言語学者ロマーン・ヤコブソンという人に出会います。彼は、ソシュールが提唱した「構造言語学」の原理を受け継ぎ、発展させた人です。ヤコブソンは音韻論をレヴィ＝ストロースに教えました。ヤコブソンによると、発音としての音韻（音素）は物理的なものではないといいます。

たとえばrとlという音は全く違った発音をされるので、英語ではriceは「米」ですが、liceは「シラミ」を意味します。

しかし、日本語ではrとlの区別がないから、「ライス（rice）」と言ったつもりが「シラミ（lice）」だったなんてことも起きてしまいます。

つまり、言語が異なれば音素も異なるというわけです。rとlの発音がいかに異なっていようとも、日本人にはその差異が存在しません。発音は意味によって振り分けられているのです。つまり、関係（構造）が先にあり、要素は後回しだったのです。

こうして、彼は「構造言語学」の理論を人類学に組み入れました。

たとえば婚姻のタブー（互いの親が異性の兄弟関係であるいとこ〈交叉《こうさ》いとこ〉と

は結婚していいけれど、互いの親が同性の兄弟関係であるいとこ〈平行いとこ〉とは結婚してはいけない、など）は、西洋的観点からすると、未開な因習のように見えます。

しかし、その中には、ある一部族だけが栄えたり衰えたりすることがないような規範、つまり**「無意識的な構造」**があったのです。未開な民族と思われていた彼らが、身体をはって特別な思考を表現していたのです（もちろん、本人たちが知らないところがすごい）。

◎西洋社会に反省をうながした「野生の思考」とは？

結局、未開の社会における、親族・親戚・婚姻などの関係は、西洋での関係と見た目は違っても、「無意識的な構造」という観点から見ると基本的には同じものだったのです。

レヴィ＝ストロースは、このような未開社会にあるシステムを**「野生の思考」**と表現しました。「野生の思考」とはすなわち具体の科学であって、今までの近代的思考だけが理性的だという先入観が批判されます。「自民族中心主義」だった西洋の世界観・文明観に根底から反省をうながしたのです。

クロード・レヴィ＝ストロース（1908〜2009年）

フランスの人類学者。構造言語学や、数学、情報理論などを学びつつ、未開社会の親族組織や神話の研究に「構造論」的方法を導入。構造人類学を唱える。1962年、『野生の思考』刊行。近代西欧の理性中心主義に根底的な批判を加えた。

「要素は一定ではなく、関係のみが一定なのである」

フロイトとユングの「無意識」をめぐるバトル!

ぱっと見では、あたりまえに思える私たちの生活の中にも、「無意識的な隠れた構造」があります。

たとえば、複数のレジがあるドラッグストアで会計をすませるときは、みながレジの前の停止線で一列になって待っていますが、昔はそんな慣習はありませんでした(レジが空いたら早い者勝ち。スーパーはまだそういうところが多いでしょう)。

なぜそうするのか、深くは考えないけれど、気がつくとそうなっているという一群のシステムがあるわけです。そういった「無意識の関係性」を明らかにしていくことが、レヴィ＝ストロースの唱えた構造主義の新しかったところです。

ところで、「無意識的な隠れた構造」とはいっても、この**無意識という考え方**を持ち出したのは誰でしょうか。

◎フロイト——私の中に「もう一人の私」がいる!?

それは、精神分析の祖**ジークムント・フロイト**でした。

近代哲学においては、デカルトの「精神＝自我」という考え方を誰も疑いませんでした。私の中は私一色です。山田さんという「私」の中に鈴木さんがいたら変なわけです。

ところが、フロイトは**「私の中の、もう一人の私」**のようなものを発見しました。**「無意識」**の発見です。

フロイトは、人格（パーソナリティ）が**「エス」**（id）、**「自我」**（ego）、**「超自我」**（super ego）の三つの領域からなると考えました。

「エス」は、無意識の領域であり、これは個人の本能的エネルギーの貯蔵所とされます。この領域は、「快を求め、不快を避ける」という快楽原則に従います（本能的）。

「超自我」は、親のしつけによって形成される特別な領域で、いわゆる「良心」の部

私たちの中では“3つのはたらき”がせめぎあっている!?

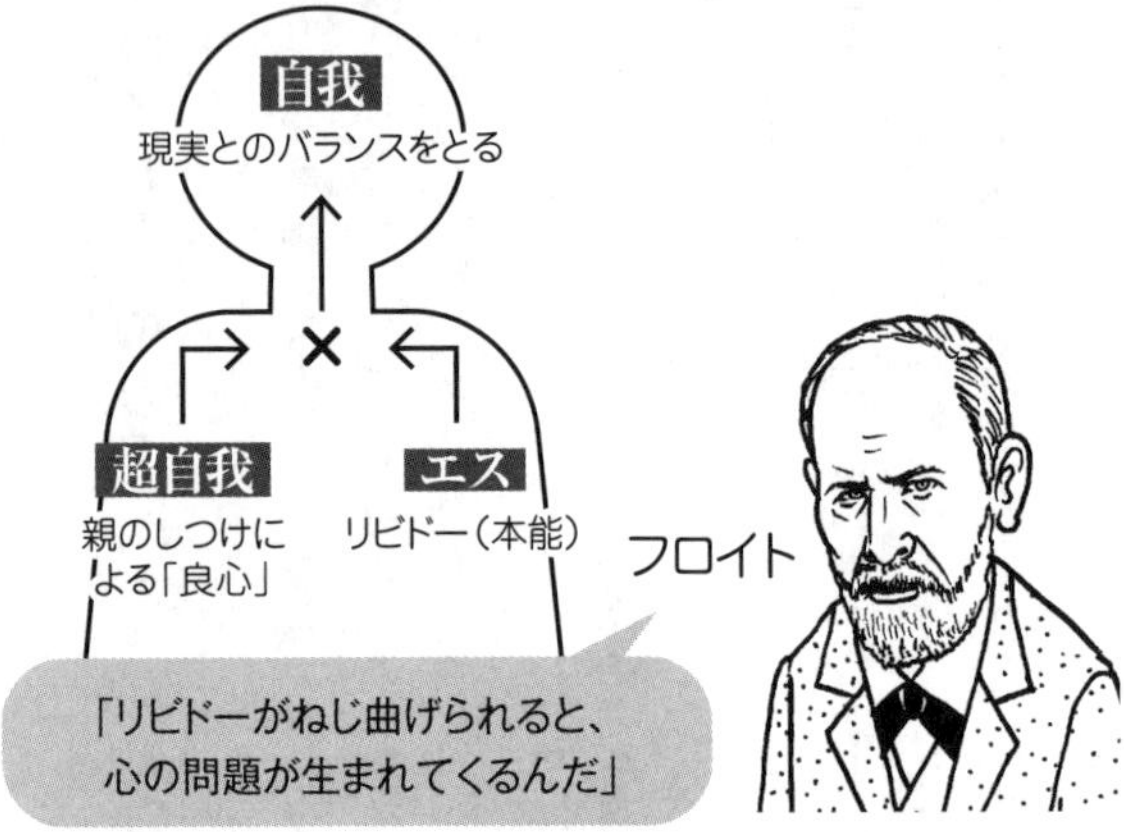
自我
現実とのバランスをとる
超自我
親のしつけによる「良心」
エス
リビドー（本能）
フロイト
「リビドーがねじ曲げられると、心の問題が生まれてくるんだ」

分です。

人は「エス」の快感原則に従って、思うがままに行動したいのですが、「あれはダメ、これはダメ」と良心である「超自我」が横から口出しします。「エス」に従っていたら動物と同じだし、かといって「超自我」にばかり従っていたら、がんじがらめです。

そこで、「自我」は社会の状況を見計らって、うまい具合に本能的な「エス」と「超自我」のバランスをとって、「このへんでいいかな～」と段取りをつけます。

フロイトは、このような「エス」の背後には、自己保存本能、種族保存本能、自我本能、性本能のすべてが含まれているという結論に達し、「生の本能」の代表を性的衝動としました。

この性エネルギーは**「リビドー」**と名づけられました。人間の行動の根源には、すべて性的なエネルギーが関与していて、もしこれが社会生活の中で適応できずに、つまり「自我」が「エス」と「超自我」のバランスをうまくとれずにねじ曲げられると、様々なノイローゼが生じるわけです。

だから、無意識的なトラウマを意識化し、自我によってコントロールできるようにしてやれば、ノイローゼは治るというのです。

◎あなたの〝無意識〟は世界中の人とつながっている!?

フロイトの弟子**カール・グスタフ・ユング**は、フロイトとは異なり、リビドーを性的意味に限定せず、すべての衝動は中立的エネルギーであると考えました。

また、フロイトが個人的な無意識の説でとどまったのに対して、ユングは人類共通の**集合的無意識（普遍的無意識）**のレベルまで無意識の層を拡大しました。

これは、個人レベルではなく、国籍・性別・人種・民族を超えた、人類全体に共通する先天的な〝無意識〟があるというものです（すごいですね！）。

アメリカ人も日本人も、山田さんにも鈴木さんにも、生まれながらにして、意識の下に同じイメージがあるというのです。

そして、この無意識の**元型（アーキタイプ）**は、神話や宗教の中に見られることが多いとユングは考えました。その例をいくつか以下に挙げてみましょう。

☆**「グレート・マザー」**……包み込むような愛情と、呑み込むような支配を備えた母性的存在。

☆**「シャドウ」**……自分とは正反対の価値観を持った人物。

☆**「アニマ」「アニムス」**……アニマは男性の中の理想的な女性像、アニムスは女性の中にある理想的な男性像。

ユングがこの集合的無意識について考えはじめたのは、ある分裂病患者の妄想であったといいます。その患者は「太陽のペニスが左右に動いて見える。風はそこから起こる」という、わけのわからない妄想を語りました。

ところが、ユングは、その話が古代イランの「ミトラ祈禱書《きとうしょ》」の中にある一節とそっくりであることに気づいたのです。その患者の教養レベルからして、ミトラ教の知識を持ち合わせているはずはないから、「偶然の一致」としか言えませんでした。

でも、あまりに一致しすぎている。そこで、ユングは世界の神話や宗教のシンボルに共通する「元型」の存在を想定したのです。

集合的無意識に、「人類共通の元型」があるからこそ、患者は自分の内側からそのイメージを語ったのだとすれば、説明がつきます。

ユングによれば、UFOも元型と関係があるというのです。人間の心の最下層にある人類共通の無意識の領域に円、楕円などの形状が全体性のシンボルとしてあるから、それが思い出されてUFOに見えるのだと言います。

これも異論があるところでしょう。最近は葉巻型や三角形のUFOも出現しているという情報もあるので、謎は深まります。

ユングという人は、学生の頃に心霊主義に没頭し、交霊会なんかもやっているから、もともと不思議世界に興味があったようです。

ジークムント・フロイト（1856〜1939年）

オーストリアの精神科医で精神分析学の創始者。ユダヤ系家庭に生まれ、4歳のとき、ウィーンに移住。1873年、ウィーン大学医学部に入学。卒業後、ヒステリー研究を行ない、無意識の世界を発見し精神分析療法を確立した。1938年、ナチスのウィーン占領でロンドンに亡命。翌年同地で死去。著書『精神分析入門』『夢判断』。フロイトには6人の子どもがおり、その娘の一人アンナ・フロイトは、著名な児童心理学者となった。

「すべての生命の目標は死である」

カール・グスタフ・ユング（1875〜1961年）

スイスの心理学者、精神分析学者。フロイトとともに精神分析の発展に貢献。フロイトと師弟関係にあったが、後に決裂して分派を形成した。内向性・外向性の性格分類、集合的無意識、元型、コンプレックスなどの概念をつくった。ユングは円を描くと心が落ち着くことを発見して、これが元型の理論につながったという。

「元型とは……神話的モチーフを含む太古的な性格を持った、ある特定の集合を意味する」

フロイトの弟子・ライヒが見つけた〝トンデモ〟エネルギー

フロイトの弟子**ヴィルヘルム・ライヒ**は、ウクライナ系ユダヤ人の精神分析学者であると同時に性革命の運動家です。ライヒはフロイトの説いたリビドー（性エネルギー）を解放するための社会変革をめざしました。

ライヒは一流の精神分析学者ですが、ちょっとあやしくてトンデモなところが魅力です。

ライヒは、まず、快楽時に発生するエネルギーとしての「バイオ電気」（リビドーの物理的な現象面）が、どのように流れるかを機械で測定する研究を行なったのです。

この段階でも、かなりアブナイのですが、もっとすごいのです。

◎かのアインシュタインまで実験に巻き込む！

あるとき、ライヒは採取した海の砂を地下室で観察していたところ、青白い光を発しているのを発見しました。

「これは新しいエネルギーだ！」

ライヒは確信を持って、この力の源を**「オルゴン・エネルギー」**と命名したのでした。さらにライヒのすごいところは、このオルゴン・エネルギーを収容するための装置をつくりはじめたことです。

装置にはレンズのついた穴があり、そこから内部を観察することができました。これが「オルゴン・エネルギー・アキュミュレーター」です。

研究を重ねた結果、ライヒは「オルゴン・エネルギーはいたるところに存在する」と結論したのでした。

こうして、ライヒの体系では、フロイトの「リビドー」と「バイオ電気」がオルゴン・エネルギーの一形態としてとらえられるようになりました。これをもっと客観的な検証を通じて証明しなければならないと、彼はますますのめり込んでいきます。

ライヒは、なんと相対性理論で有名な、かのアインシュタインに意見をもとめました。意外なことにアインシュタインはかなりの興味を示し、実験に参加しました。

けれども、アキュミュレーター内で点滅する光を見たアインシュタインは、「このまたたきはいつも見えている。これは主観的なものじゃないのか」と一言。がっかりの結果でした。

ライヒの懇願にもかかわらず、アインシュタインはこの実験から手を引いてしまうという残念な結果に終わりました。

◎オルゴン・エネルギーの力で、万病が治る!?

アインシュタインに見捨てられたショックにもかかわらず、ライヒは新たなる実験へと立ち向かいました。

彼は、アキュミュレーターによる治療により、血液中のバイオエネルギーが強化されるので、これによって癌の治癒や、放射能の解毒に効果があると考えました。

さらに、彼は、ある特別な雲が上空に出現すると、生物は息苦しい雰囲気になり、地上の動物の動きが減るというのです。これについて、彼は雲から負のオルゴン・エネルギーを吸い出したらよいと考えました。

そこで、長い金属パイプを雲に向けて、ケーブル線をつないで深い井戸へと下ろしてみました。なぜ井戸へ下ろすのかというと、オルゴン・エネルギーは水に引きつけられるという性質があると彼は考えていたからです。

その実験記録によると、なんと雲がみるみるうちに消え去っていったといいます。これをきっかけにライヒは、大気中のオルゴン・エネルギーを集めたり分離させたりする研究へと向かい、そのための実験装置**「クラウド・バスター」**を新たに発明、積極的に使いはじめました。

ライヒは、干ばつで悩んでいる農家を救うため、これをトラックに搭載し、実験に向かいます。なんと、「クラウド・バスター」は、雨乞いの機能もあったのでした。アメリカのメーン州で行なった実験では、クラウド・バスターを空に向けると、今まで見たこともないような雲が現われて雨が降り出したという報告がなされています。

ライヒはニューヨークでもクラウド・バスターを作動させると成功をおさめ、数台のクラウド・バスターで様々な地方にも、その活動範囲を広げました。実験はすべて成功でした。「クラウド・バスター」恐るべし！

いよいよ勢いを得て、「クラウド・バスター」をトラックに積み、多くの苦しむ人々を救おうと駆け巡るライヒ……。本当に精神分析学者なんでしょうかね。

けれども、彼の努力にもかかわらず、突然のトラブルにみまわれます。癌治療器としてのオルゴン・アキュミュレーターの販売が、州医事法にふれてしまったのです。その結果、ライヒはペンシルヴァニアのルイスバーグにある連邦刑務所に収容されてしまいました。ライヒは上告し保釈されましたが、後に再び収監され、刑務所において心臓発作で死去したのです……。このときこそ「オルゴン・エネルギー」が必要だったのではないでしょうか。残念なことです。

こんな最期を遂げた異端児のライヒでしたが、精神分析学者としては、新フロイト派に属し、性格分析の方法や、性的な抑圧が権威主義への服従につながり、神経症や全体主義発生の心理的要因になると説いた著作『ファシズムの大衆心理』を著すなど、世界も認める功績を残しました。それらは、社会心理学者、ヒューマニズム思想家として知られる**エーリッヒ・フロムなどにも大きな影響**を与えています。

ちょっとやそっと、奇妙な運動や実験をしたからといって、博士の功績に傷がつくものではないのです。いや、多少は変わり者の方が、常人にはできないすぐれた功績を残すのではないでしょうか。

ヴィルヘルム・ライヒ（1897〜1957年）

現ウクライナ出身の精神分析学者。13歳のとき、母が彼の家庭教師と性交しているのを目撃、それを父に報告したことをきっかけに、家庭が崩壊。この罪悪感から、人間が性欲（リビドー）に支配されているとするフロイトの心理学に衝撃を受け、弟子となる。性の解放を訴え、未成年の避妊教育の徹底や、堕胎の権利の確立を主張した。

「すべての人間はオルガスム（性的快感）を求めて生活している」

「人間は死んだ」──フーコーの「系譜学」とは

フランスの思想家**ミシェル・フーコー**は、「構造主義」に分類されていましたが、今では彼の思想は**「系譜学」**と呼ばれています。

何を唱えた人かは、その内容が豊富すぎて一言で言うのは難しいのですが、キーワードは**「狂気」「監獄」「権力」**などです。

これではわけがわかりませんが、「私たちがあたりまえと考えていることは、実は歴史の中でつくられたものだった。それは〝今〟正しいだけ」という感じです（天地がひっくり返るほど、おおざっぱな表現ですが）。

彼は、そんな盲点を膨大な資料によって暴露していった思想家です。

◎〝常識〟って、どんなふうにつくられる？

フーコーの著書『狂気の歴史』では、「理性」と「狂気」が分離された歴史的過程が探られています。

私たちは「狂気」というものが、いつの時代にも存在したかのように思っています。「狂気」そのものはいつの時代にもあり、近代までは医学が未発達だったので、「狂気」を精神疾患と診断できなかったのだと考えます。

ところが、フーコーによると、むしろ「狂気」が精神病に位置づけられたことから、精神医学と心理学が成立したというのです（これは、いろいろ批判されているところです）。

フーコーによると、中世までの西欧社会においては、狂気の人は「神から遣《つか》わされた者」として、常人と区別されずに共存していました（「神がかり」の巫女《みこ》など）。

ルネサンス期にも、「何となく変な感じの人」はいたけれど、狂気と理性はそれほどはっきりと区別されていませんでした。

けれども、後に狂気の人は監禁の対象となり、精神病という病気が「出現」したのです。そして、１６５６年に絶対王政によってパリに一般施療院の設立が布告されると、ここに狂気の人が閉じこめられるようになりました。

さらに、18世紀末からは、狂気の人は保護施設に入れられ、狂気は精神医学の学説に支配されることになりました。

ここに至って、「狂気と正常の線引き」が、はっきりとなされるようになりました。

このように、**今では常識とされている考え方がどのようにしてできてきたかを、歴史的に緻密にさかのぼっていくのが「系譜学」**なのです。

この系譜学。最初につくったのは、かのニーチェだったと考えられています。

ニーチェは、「善」「悪」の系譜について、こう考えました。

普通、私たちは「自己犠牲の人」がいい人、「自分勝手にふるまう人」は悪い人と考えますが、「起源」は全然違います。

まず、強い人がいて、それは善。弱い人がいて、それは悪。弱い人が強い人を恨んで、「あいつらは強すぎる、それは悪だ！」（ルサンチマン）。かたや、弱い私たちは善だ（キリスト教信者）。こうして善と悪が逆転した——とニーチェは言ったのです。

本当かどうかはわかりませんが、系譜学の輪郭が理解できると思います。

◎「知」の枠組みが変われば、人間も変わる？

ということは、私たちが「あたりまえ」と思って生活しているこの世界も、将来はまったく異質な切り口で解釈されるようになるかも？

フーコーは著書『言葉と物』において、それぞれの時代における**知の枠組み・思考の土台（エピステーメー）**を明らかにしました。

中世・ルネサンスの思考の土台は「類似」です。たとえば、「クルミと脳が似ているので、クルミを食べると脳に効く」というような思考パターン。こうした「知の切り口」が中世・ルネサンス期にはあたりまえでした。

やがて17世紀半ばになると、対象を分類・整理する時代がやってきます。デカルトのように、理性によって対象を「正しいか、誤りか」をはっきりさせる知の時代です。

「知の枠組み」は、時代ごとに変わってきた!

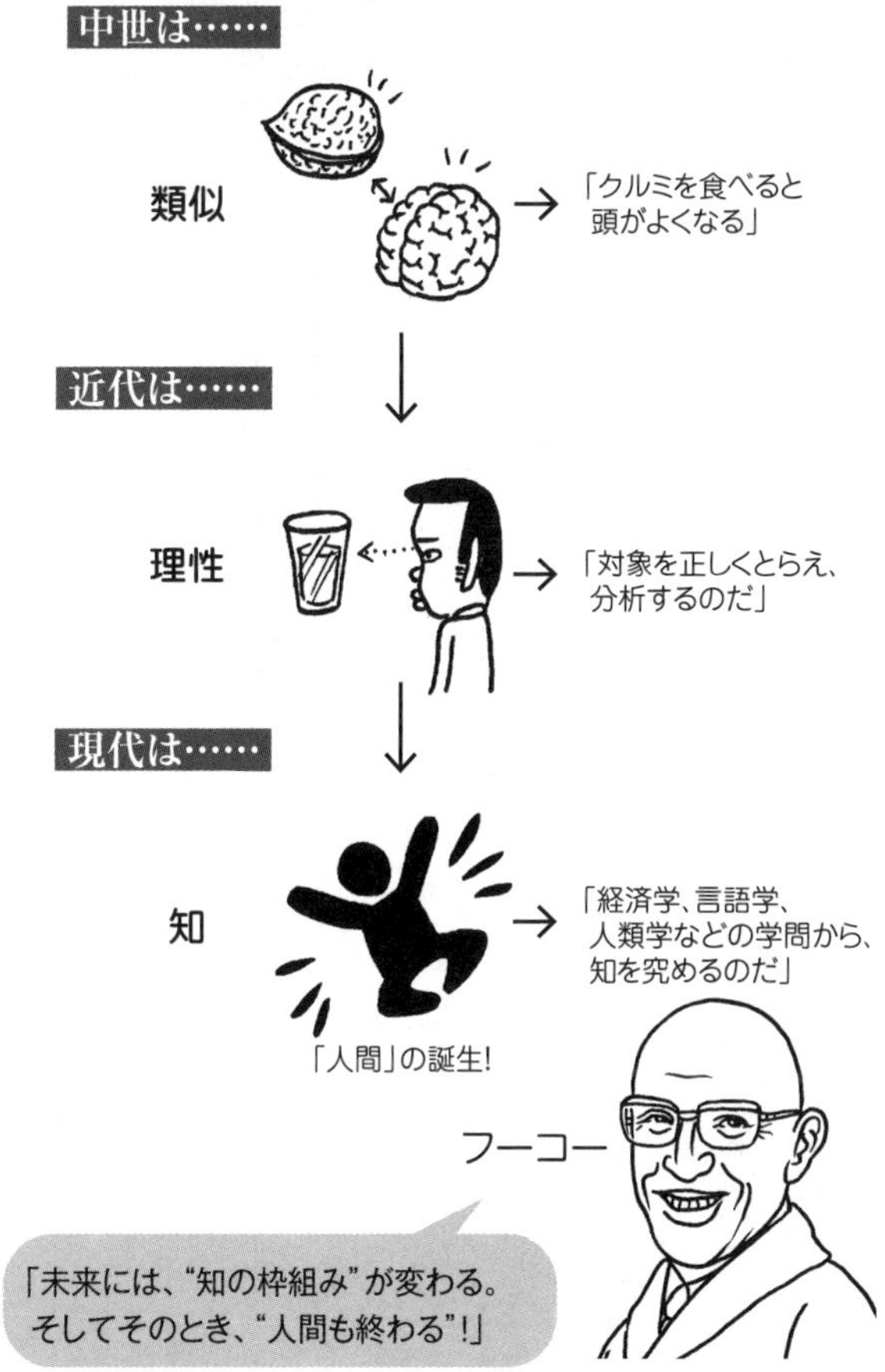
中世は……
類似
「クルミを食べると頭がよくなる」
近代は……
理性
「対象を正しくとらえ、分析するのだ」
現代は……
知
「経済学、言語学、人類学などの学問から、知を究めるのだ」
「人間」の誕生!
フーコー
「未来には、“知の枠組み”が変わる。そしてそのとき、“人間も終わる”!」

このとき、数学と様々な分類学が発展しました。

そして、19世紀初頭からは、経済学、言語学、生物学、人類学、心理学などの「知」が発展していきました。

フーコーは、ここにおいて**「人間」が誕生した**と言います。

もちろん、はるか昔から生物学的な人間は存在していましたが、ここで言われている「人間」とは、**新たな「知の切り口」を通じた「人間」**です。

つまり「人間に関する学問というのは、けっこう新しい」ということがわかったのでした。

さらに、フーコーは**「人間の終焉」**を唱えました。

つまり、知の枠組みが変われば、今の「人間」という見方も変わるだろうということです。

このように、私たちが心底信じていることが覆されるのが、現代思想なので、「新しい見方」を開発するにはもってこいの方法です。

「〝知〟が変われば人間が変わる」——まさに、哲学の可能性を象徴する言葉ではないでしょうか。

ミシェル・フーコー（1926〜1984年）

フランスの哲学者。初期は構造主義者と考えられていたが、フーコーは自分自身が構造主義者とは考えておらず、のちにポスト構造主義者に分類された。フーコーはニーチェの系譜学に影響を受けている。ヨーロッパ近世以来の、社会構造や人文科学、権力などの変遷を系譜学の実践によって解明した。著作『狂気の歴史』『言葉と物』『監獄の誕生』など。

「今考えているのとは、違った形で考えることはできるのか？」

サンデル教授の〝白熱教室〟——「何が正義」なのか?

さて、この本のしめくくりに登場するのは**「政治哲学」**です。

政治哲学なんていうと、私たちの生活と関係ないような気がしますが、ある意味、一番身近な哲学ともいえます。

『ハーバード白熱教室』で有名なマイケル・サンデル教授は、「暴走する路面電車」という例を題材に、政治哲学のおもしろさを教えてくれました。

サンデル教授は私たちに、以下のような哲学的な思考実験を投げかけます。

あなたは、暴走する路面電車を運転している。前方を見ると、5人の作業員がいる。このまま突っ込むと5人の作業員を殺してしまう。でも、ブレーキはきかない。あなたは絶望する。

そのとき、あなたは隣に迂回路があることに気づく。ところが、そこには一人の作業員がいた。あなたは、そのまま前方に突っ込むだろうか、それとも迂回して一人の作業員のいる方向へ進むだろうか……このようなものです。

多くの人は、５人を殺してしまうより、１人の方がまだ被害が少ないということで迂回する方向を選びます。

実はこれ、ジェレミー・ベンサムの功利主義（２１６ページ参照）の考え方なのです。「最大多数の最大幸福」ですから、５人を助けて、１人を犠牲にする、というわけです。

果たして、この考え方は正しいのか。量的なものだけを重視していないのか、という疑問が出てきます。

もし、迂回路の１人が、あなたの家族だった場合はどうなるのでしょうか。１人の家族を助けて、赤の他人の５人を犠牲にすることは責められることなのでしょうか。

このように、**具体的な問題が山積みの社会において、「何が正義なのか、善なのか」などについて考えていくのが政治哲学**です。

政治哲学は、プラトンやアリストテレスの時代から重要な課題を背負っていたのですが、最近まではあまり人気のない分野でした。

ところが、アメリカでは、すでに1980年代から政治哲学者**ジョン・ロールズ**の『正義論』を中心に議論が行なわれ、さらに、2008年のリーマン・ショック以降、貧富の格差問題などから、さらに多くの人が政治哲学に注目するようになりました。

この政治哲学の議論を二つのチームに分けると、**「リベラリズム」**と**「コミュニタリアニズム」**になります。

◎あなたはビル・ゲイツ？　それともホームレス？

リベラリズムは**「自由主義」**と訳されます。イギリス経験論の祖ロックは、「生命・自由・財産」という、人が生まれながらに所有している「自然権」に由来する諸権利を権力から守るべきことを主張しました。

その考え方は、19世紀のJ・S・ミルの思想につながります。ミルは「思想、趣味などは、自分だけに関係する自由であり、他人に害を及ぼさない限り、絶対的なものである」としました。

だから、端から見て、「理性的でない愚かな行為」と見られようとも、「自ら最善とみなす行為」を選ぶ自由があり、他人には忠告を与える自由があるとされます。「人に迷惑をかけなければ、何をしたっていい」という感じです。


ジョン・ロールズは、『正義論』の中で、「正義について考えるためには、原初状態において、人々がどのような原理に同意するかを知る必要がある」と考えました。ロールズは、リベラリズムの立場であり、功利主義については批判します。

ロールズによると、社会の中で人々の意見は一致しません。富裕層や貧困層、人種、民族、宗教などの違い、利害関係や社会的地位など、それぞれの立場があるので、みんなが「それに賛成！」という答えは得られません。

そこで、すべての人が正しいと考える答えを出す方法として、ロールズは、**「無知のヴェール」**というものを想定します。

すべての人に「無知のヴェール」をかけると、自分の人種、年収、社会的地位、家族関係……など、すべてがわからなくなる、というのです。

ヴェールをかぶる前、たとえば自分が高収入であれば、累進課税制に反対するかもしれないし、逆に低収入であれば、これに賛成するかもしれません。このように、**自分の状態によって、価値観は決定する**のです。

けれども、これにいったんヴェールをかぶせて、自分がどんな社会的地位にあるのかをわからなくさせてしまえば、人は共通の正しい判断をするというのです。

自分はビル・ゲイツ並みの大富豪かもしれないし、ホームレスかもしれない。そんな状態になれば、「すべての人に富を配分する」という考え方に賛成するしかありません。そして、この場合は、功利主義は選ばれない、とロールズは言います。なぜなら、功利主義を選んだら、自分が「最大多数の最大幸福」における少数派に入っているかもしれないからです。

ロールズは「家柄や才能によって結果的に恵まれている人は、偶然的にそのような現状にあるのだから、不遇な人に自分の便益を分配してあげるべきだ！」と考えました。

ロールズの議論では、「社会で最も不遇な立場にある人々の利益になるような社会的・経済的不平等のみを認める」ということでしょう。そうは言ってもリベラリズムなので、「不遇な立場にある人々が利益を得られる程度に格差は必要」ということです。

リベラリズムがさらにパワーアップすると**「リバタリアニズム」**になります。**「自由至上主義」**と訳されたりします。

たとえば、あるプロスポーツ選手がとても人気で、その人のために特別入場料を払うファンが多数いるとします。そして、特別入場料からの収入の合計がその選手に払われたとしても、その収入を貧困層に分配する必要はないとリバタリアニズムの人たちは考えます。なぜなら、彼が自分の能力によって、多くの人々に喜びを与えたことに対する対価なのだから、それは「正当な報酬」なのです。

◎サンデル教授のコミュニタリアニズムとは？

こうした「リベラリズム」「リバタリアニズム」に対して、**「コミュニタリアニズム」**の立場をとった人々がいます。彼らは、リベラリズムに対する批判によって注目をあびました。

マイケル・サンデル教授も、そんなコミュニタリアンの一人です。

サンデルによれば、そもそも人間のあり方を理解するには、その個人がどのような家族や地域共同体の中に置かれているのかがわからなければ、自我も決定づけられないとします。

確かに、「自分って、何か」というのは、生育歴や環境などによって決定されます。だから、ロールズの言う「無知のヴェール」をかぶせても、正しい決定ができるかどうかわかりません。

サンデル教授は、「共同体」というものを重視し、**古代ギリシアのアリストテレス哲学**（64ページ参照）**が重要**であることを説きました。

アリストテレスの「目的論的世界観」は、近代哲学の「機械論的世界観」にとって替わられ、まるで、骨董品のような扱いを受けているように感じます。ところが、アリストテレスの影響というのは（他の哲学者もそうですが）、ギリシア時代から２３００年以上の時を越えて、私たちの生き方に影響を与えているのです。

リベラリズムでは、「私は誰か」について、階級や倫理、宗教、伝統や共同体から定義することができません。

でも、アリストテレスの目的論的世界観によれば、すべてのものは「最高善」をめざして、動いています。人は何のために生きているのか、その目的は何なのかといった角度から考えると、「私は誰か」ということを共同体の中から見出す必要が出てきます。

以上、大きく三つの立場をまとめると次のようになります。

①リベラリズム（自由主義）

政治的には個人の自由を尊重。経済的には、貧困層への再分配をめざす。すべての人に共通する「正義」を求める。宗教的には中立的。

・リベラリズムの思想家…カント、ロック、J・S・ミル、ロールズら。

②リバタリアニズム（自由至上主義）

個人の自由を最大限に尊重し、国家は最小機能だけを担うべきだとする。再分配に対しては否定的。
・リバタリアニズムの思想家…フリードリヒ・ハイエク（オーストリアの経済学者）、ミルトン・フリードマン（アメリカの経済学者）、ロバート・ノージック（アメリカの哲学者）ら。

③コミュニタリアニズム（共同体主義）

リベラリズム、リバタリアニズムが主張する「個人の権利」や「正義」より、「善」を重視する立場。共同体と歴史性を重視。よって、それぞれの宗教も大切にする。
・コミュニタリアニズムの思想家…アリストテレス、ヘーゲル、アラスデア・マッキンタイア（イギリス出身の哲学者）、サンデルら。

さてあなたは、リベラリスト？　それともリバタリアン？　あるいは、コミュニタリアンでしょうか。知らないうちに、自分の考えって分類されてしまっているものなのです。

ということは、**あなたもすでに哲学を持っている！**

このような政治哲学は、人工中絶は許されるのか、安楽死は仕方がないのか、死刑はせざるを得ないのか……など、様々な問題について考えます。

ぜひ、哲学を政治、経済、文化、社会、法律、宗教など様々な面に活用してください。

ジョン・ロールズ（1921～2002年）

20世紀アメリカを代表する政治哲学者。1971年に刊行された『正義論』が脚光を浴び、それまでマイナーだった政治哲学を再興させるきっかけをつくった。『正義論』以降の政治哲学は、経済学などにも様々な影響を与えた。太平洋戦争降伏後の日本を占領軍の一員として訪れており、広島の原爆投下の悲惨さを目撃している。著作に『正義論』『公正としての正義』『ロールズ哲学史講義』などがある。

「生まれつき恵まれた立場におかれた人びとは誰であれ、恵まれない人々の状況を改善するという条件に基づいてのみ、自分たちの幸運から利益を得ることが許される」

マイケル・サンデル（1953年〜）

アメリカ合衆国の政治哲学者。オックスフォード大学で学び、ハーバード大学教授となる。コミュニタリアニズム（共同体主義）の立場を取る。ロールズの『正義論』を批判して、独自の政治哲学を展開。日本では、NHKの「ハーバード白熱教室」で一世を風靡。ハーバード大学では、1000人の生徒を相手に、ソクラテスを彷彿とさせる問答法的な授業を展開。格差社会やテロの問題など様々な分野について、哲学的問題設定（思考実験）を提示する。来日した際には、東京大学の学生と白熱授業を展開した。著作に『これからの「正義」の話をしよう いまを生き延びるための哲学』などがある。

「ある社会が公正かどうかを問うことは、われわれが大切にするもの——収入や財産、義務や権利、権力や機会、職務や栄誉——がどう分配されるかを問うことである」

●参考文献

『ギリシア哲学史』加藤信朗、東京大学出版会／『西洋古代中世哲学史』クラウス・リーゼンフーバー、放送大学教育振興会／『スピノザの世界―神あるいは自然』上野修、講談社現代新書／『神秘学の本（Books Esoterica18）』学研／『ヘルメス文書』荒井献・柴田有訳、朝日出版社／『大アルベルトゥスの秘法』アルベルトゥス・マグヌス、立木鷹志編訳、河出書房新社／『死にいたる病』（世界の名著40）、キルケゴール、桝田啓三郎（翻訳）、中央公論社／『人生の哲学』渡邊二郎、放送大学教育振興会／『プラグマティズムと現代』魚津郁夫、放送大学教育振興会／『倫理学入門』宇都宮芳明、放送大学教育振興会／『哲学』（世界の名著75）ヤスパース、渡邊二郎（翻訳）、中央公論社／『現代フランス哲学』久米博、新曜社／『ハイデッガー』（人類の知的遺産75）、茅野良男（編）、講談社／『現代政治理論』川崎修・他（編）、有斐閣アルマ／『これからの「正義」の話をしよう――いまを生き延びるための哲学』マイケル・サンデル、鬼澤忍（訳）、早川書房／『サンデルの政治哲学――〈正義〉とは何か』小林正弥、平凡社新書／『現象学事典』木田元・他（編）、弘文堂／『立体哲学』渡辺義雄（編者）、朝日出版社／『倫理学概説』岡部英男、小坂国継（編著）、ミネルヴァ書房／『西洋哲学史』岡崎文明（編）、昭和堂『倫理資料集』数研出版編集部（編）、数研出版／『倫理資料集』倫理資料集編集部（編）、山川出版社／『倫理資料集　最新版』清水書院編集部（編）、清水書院／『倫理資料集　新課程版　最新版』清水書院編集部（編）、清水書院／『ヴィルヘルム・ライヒ――生涯と業績』マイロン・シャラフ、村本詔司・国永史子（訳）、新水社／『霊界と哲学の対話――カントとスヴェーデンボリ』金森誠也（訳）、論創社／『精神のエネルギー』アンリ・ベルクソン、宇波彰（訳）、第三文明社／『岩波　哲学・思想事典』廣松渉・他（編）、岩波書店／『哲学事典』林達夫・他（編）、平凡社／『正義論』ジョン・ロールズ、川本隆史・福間聡・神島裕子（訳）、紀伊國屋書店本書は、本文庫のために書き下ろされたものです。

眠《ねむ》れないほどおもしろい哲学《てつがく》の本《ほん》

著　者　富増章成（とます・あきなり）
発行者　押鐘太陽
発行所　株式会社三笠書房
〒102-0072　東京都千代田区飯田橋3-3-1
https://www.mikasashobo.co.jp
印　刷　誠宏印刷
製　本　ナショナル製本

ISBN978-4-8379-6636-4　C0110

王様文庫

王様文庫

気くばりがうまい人のものの言い方

山﨑武也

「ちょっとした言葉の違い」を人は敏感に感じとる。だから……◎自分のことは「過小評価」、相手のことは「過大評価」◎「ためになる話」に「ほっとする話」をブレンドする◎「なるほど」と「さすが」の大きな役割◎「ノーコメント」でさえ心の中がわかる

好かれる人のちょっとした気の使い方

山﨑武也

会話がはずみ、さわやかな印象を残す話し方・行動術とは？◎「なるほど」「そうですか」という一言の力◎誰にもある「もてはやされたい気持ち」を理解する◎相手の「真意」を汲み取った受け答えを――相手の心にプラスの刺激を与えるノウハウが満載の本。

心が「ほっ」とする小さな気くばり

岩下宣子

「気持ち」を丁寧に表わす65のヒント。◎人の名前を大切に扱う◎手間をかけて「心」を贈る◎ネガティブ言葉はポジティブ言葉に◎相手の「密かな自慢」に気づく◎「ありがとう」は二度言う……感じがよくて「気がきく人」は、ここを忘れない。

K30562